MUSSAURUS

NATIONAL GEOGRAPHIC KiDS

DINO REKORDE

JEN AGRESTA UND AVERY ELIZABETH HURT

DIE ERSTAUNLICHSTEN PRÄHISTORISCHEN LEBEWESEN, DIE UNSERE ERDE JE GESEHEN HAT!

NATIONAL GEOGRAPHIC

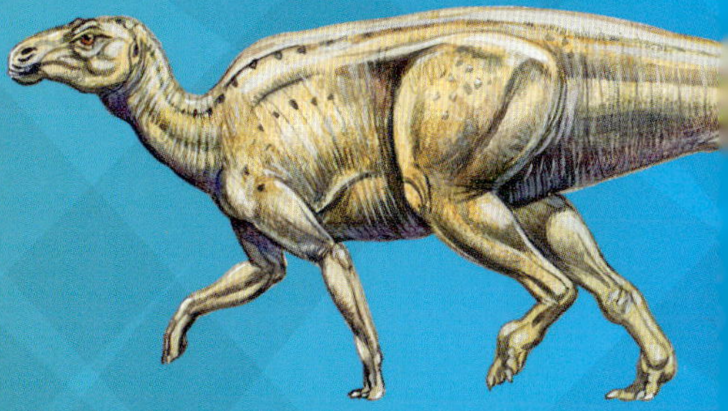

BEREIT FÜR EINE REISE IN DIE URZEIT?

MACH DICH BEREIT FÜR EIN ABENTEUER MIT PRÄHISTORISCHEN AUSMASSEN.

Du weißt wahrscheinlich, dass Dinosaurier einige der coolsten und größten Tiere waren, die es jemals auf der Erde gegeben hat. Wusstest du auch, dass unsere Erde am Anfang ganz anders aussah? Vor ca. 270 Millionen Jahren bestand unser Planet aus einer gigantischen Landmasse – Pangäa genannt – statt der sieben Kontinente heute. Während die Bewegung der tektonischen Erdplatten im Laufe von mehreren zehn Millionen Jahren Pangäa in kleinere Teile aufbrach, entwickelten sich die Dinosaurier zu einer rekordverdächtigen Spezies aller Formen und Größen. Sie besaßen erstaunliche Panzer, Stacheln, Segel, Hörner, Platten u.v.m., die wir heute in Büchern, Filmen und Spielzeugläden bestaunen können.
National Geographic Kids zeigt dir in DINO REKORDE nicht nur die größten, kleinsten, tödlichsten und seltsamsten Dinos, sondern auch den berühmtesten Dino, das kurioseste Hinterteil und den tollsten Namen. Hier findest du die ersten Dinos der Erde und auch die ersten im Weltall. Und du siehst andere rekordverdächtige Kreaturen, die vor, nach und während der Zeit der Dinosaurier lebten. Wusstest du, dass die größte Meeresschildkröte und das größte Flugtier (beide bereits ausgestorben) die Erde mit den Dinosauriern teilten? Das gilt auch für die Vorfahren der Krokodile und Haie. Manchen gelang es sogar, das Ende der Dinos zu überdauern. Säugetiere, die zu Zeiten der Dinos nicht größer als ein Hund waren, entwickelten sich nach deren Untergang zu riesigen Kreaturen, darunter das größte Landsäugetier, das je gelebt hat. Komm mit uns in die Vergangenheit. Blättere einfach um!

CHRONIK

Zeitalter der DINOSAURIER!

Dinosaurier durchstreiften die Erde vor ca. 251 bis 65 Millionen Jahren (kurz: MJ), dem sogenannten Zeitalter des Mesozoikum. Forscher teilen dieses Zeitalter in drei Abschnitte auf: Trias, Jura und Kreidezeit. Dinosaurier traten zum ersten Mal im Trias auf und entwickelten sich schließlich zur dominanten Tierart an Land. Dinos beherrschten die Erde vom Beginn des Jura bis zum Massenaussterben am Ende der Kreidezeit, als fast drei Viertel der Spezies von der Erde gefegt wurden.

ISANOSAURUS

TRIAS 251–200 MJ

Erstes Auftreten der Dinosaurier, Pterosaurier, Schildkröten, Fliegen, Knochenfische und Säugetiere. Dinos wie z.B. *Eoraptor*, *Herrerasaurus*, *Isanosaurus*, *Coelophysis* und *Plateosaurus*.

JURA
200–145 MJ

Erste Salamander, Einsiedlerkrebse, Eidechsen, blutsaugende Insekten und Vögel. Dinos wie z.B. *Allosaurus*, *Compsognathus*, *Archaeopteryx*, *Brachiosaurus*, *Stegosaurus*, und *Diplodocus*.

KREIDEZEIT
145–65 MJ

Erste Blütenpflanzen, Bienen, Ameisen, Schlangen und Termiten. Es gab Dinos wie z.B. *Spinosaurus*, *Triceratops*, *Ankylosaurus*, *Corythosaurus*, *Microraptor*, *Argentinosaurus*, *Velociraptor*, *Maiasaura*, *Pachycephalosaurus*, *Troodon* und *Tyrannosaurus*.

KAPITEL 1

LERNE EINIGE DER GRÖSSTEN TIERE KENNEN, DIE JEMALS DIE ERDE BEWOHNTEN!

Die meisten wissen, dass Dinosaurier groß waren. Aber wie groß waren sie wirklich? Treten wir mal in ihre Fußstapfen: Es braucht 1.500 Menschen wie dich, um das Gewicht des Gewinners dieses Kapitels zu erreichen! Also: schnell umblättern (wenn du dich traust ...)

FUTALOGNKOSAURUS

UND DER SIEGER IST ...

DER TITANOSAURUS

Titanosaurier waren kolossale sauropode Dinosaurier; langhalsige Pflanzenfresser, von denen einige die größten Dinos waren, die jemals gelebt haben. Ein Viehzüchter fand 2012 in einer Region Patagoniens in Argentinien einen Knochen, von dem Forscher heute glauben, dass er vom größten Dinosaurier überhaupt stammt. Über 220 Knochen dieser Spezies, die immer noch keinen offiziellen Namen trägt (man nennt sie bis heute einfach den "Titanosaurus") wurden bis jetzt ausgegraben, so dass Paläontologen das Gewicht dieses riesigen Pflanzenfressers auf kolossale 70 Tonnen schätzen, ungefähr so viel wie zehn afrikanische Elefanten, (die heute die größten Landbewohner der Erde sind). Alleine der Hals eines Titanosaurus misst knapp die Länge eines Schulbusses, und sein Herz, das wahrscheinlich so viel wie drei erwachsene Menschen wog, konnte mit einem Schlag fast 90 Liter Blut pumpen!

EINER DER ENTDECKTEN FOSSILIEN DES TITANOSAURUS WAR EIN OBERSCHENKEL (FEMUR), DER LÄNGER WAR ALS EIN **ERWACHSENER MENSCH.**

ART: **SAUROPODE**

NAHRUNG: **PFLANZEN**

WANN: **100 BIS 95 MJ**

WO: **SÜDAMERIKA**

GEWICHT: **70 TONNEN**

LÄNGE: **37 METER**

HÖHE: **20 METER**

AUF DEM 2. PLATZ …

Diese spektakulären Sauropoden trampelten als einige der größten Tiere aller Zeiten in die Rekordbücher.

ARGENTINOSAURUS

Der Name dieses gewaltigen südamerikanischen Sauropoden bedeutet „Argentiniens Echse". Weißt du, wo er gefunden wurde? Erraten: Argentinien! Er war wahrscheinlich länger als ein Basketballfeld und ungefähr so schwer wie 70 Bisons. Der Pflanzenfresser musste jeden Tag ca. 100.000 Kalorien an Pflanzen fressen, bis er ausgewachsen war – das sind im Vergleich ca. 1.000 Bananen. Wie unser Gewinner war auch der *Argentinosaurus* ein Titanosaurier und könnte genauso riesig gewesen sein. Aber da diese Schätzungen auf weitaus weniger Fossilienfunden beruhen, bekommt der Titanosaurus, der bis jetzt keinen Namen trägt, unsere Krone.

FUTALOGNKOSAURUS

Der 32 bis 34 Meter lange und 4 Häuserstockwerke hohe *Futalognkosaurus dukei* bevölkerte in der späten Kreidezeit das Gebiet des heutigen Argentinien (ein Land, in dem man jede Menge Dino-Überreste fand, wie du bestimmt bereits bemerkt hast). Der unglaublich große *Futalognkosaurus* – was „Riesiger Boss der Dinosaurier" bedeutet – war so schwer wie ein Flugzeugträger.

BRACHIOSAURUS

Sicher, Giraffen mögen nach heutigen Standards sehr lange Hälse haben, aber schau dir mal diesen Kerl an! Der aus dem späten Jura stammende *Brachiosaurus* – bekannt aus den USA und Tansania – war ca. 25 Meter lang und wog 50 Tonnen. Wie andere Sauropoden hatte er einen extrem langen Hals, den er senkrecht halten konnte, so dass er bei Bäumen in eine Höhe von bis zu fünf Stockwerken reichte. Er bekam den Namen *„Armechse"*, weil seine Vorderbeine länger als die Hinterbeine waren.

DREADNOUGHTUS

Der Name dieses dominanten Dinos bedeutet *„fürchtet nichts"* – und das aus gutem Grund! Der 77 Mio. Jahre alte *Dreadnoughtus schrani* hatte vermutlich ein Gewicht von knapp 65 Tonnen, war 26 Meter lang und maß an seiner Schulter 2 Stockwerke. Forschern gelang es, unglaubliche 100 von ca. 142 Knochen des Skeletts des *Dreadnoughtus* wiederzufinden (inklusive des Schädels). Dadurch konnten sie seine kolossale Größe bestimmen.

AUF DEN PLÄTZEN 3 BIS ...

Hier sind einige rekord-verdächtige Dinos, die die Größten ihrer Art waren.

GRÖSSTER **DINO MIT PANZER**

ANKYLOSAURUS

WARNUNG: Vorsichtig nähern! Der vierbeinige *Ankylosaurus* war kein schreckliches Raubtier, aber er war mit Stacheln und Schutzpanzer bedeckt, der aus hunderten von Knochenplatten bestand, sogar auf seinen Augenlidern. Mit einer Länge von ca. 6 Metern war der Größte der „panzer-ähnlichen" Pflanzenfresser ein Bewohner der nordamerikanischen Wälder am Ende der Kreidezeit.

GRÖSSTER DINO MIT FLÜGELN **WIE EIN VOGEL**

ZHENYUANLONG

Das 125 Mio. Jahre alte, fast komplette Skelett dieses vorzeitlichen Raubvogels wurde in Chinas nordöstlicher Provinz Liaoning ausgegraben. Konnte der größte jemals gefundene Dino mit vogelähnlichen Flügeln und Federn tatsächlich fliegen? Forscher glauben das nicht. Er hatte im Vergleich sehr kurze Arme und war mit ca. 20 kg Gewicht ziemlich schwer. Wissenschaftler vermuten, dass die Flügel nur Schau waren, etwa wie bei einem Pfau.

GRÖSSTER **DINO** MIT **PLATTEN**

STEGOSAURUS

Wow! Mit bis zu 9 m Länge und einem Gewicht von mehr als 2 Tonnen war der *Stegosaurus* aus dem oberen Jura einer der größten pflanzenfressenden Dinos mit Rückenpanzer. Er trug zwei versetzte Reihen rautenförmiger Platten, die vom Hals über den Rücken bis zum Schwanz reichten. Forscher haben viel über den Zweck dieser spitzen Platten diskutiert, doch heute wird vermutet, dass sie nur reine Schau waren, vielleicht um potentielle Gefährten anzulocken.

GRÖSSTER **DINO** MIT **DICKSCHÄDEL**

PACHYCEPHALOSAURUS

Der Größte der *Pachycephalosaurier* („gewölbte Dinosaurier") lebte in der oberen Kreidezeit und hatte eine übergroße Schädeldecke – ca. 20 mal dicker als normale Dino-Schädel. Einige Experten meinen, dass diese pflanzenfressenden Dickschädel ihren ausgeprägten Kopf vielleicht dazu benutzten, um miteinander Kopfstoß-Kämpfe auszufechten. Andere sagen, dass der Hals des Dinos nicht stark genug war, um diese Schädelstöße auszuhalten. Hmm, das bereitet ganz schön Kopfzerbrechen!

FALLSTUDIE

DER FEHLENDE Knochen

An alle Spürnasen: Eines der größten Rätsel der Paläontologie ist ein Knochen, der auf den größten Dinosaurier hinweist, der jemals gelebt hat. Aber der Knochen ist verschwunden! Der Paläontologe Edward Drinker Cope (mehr über ihn auf Seite 106-107) hat im Jahr 1878 behauptet, einen riesigen, 1,5 Meter langen Wirbel ausgegraben zu haben, der zu einem Dinosaurier gehörte, den er *Amphicoelias fragillimus* nannte. Ein Wirbel dieser Größe hätte einen Dino ergeben, der ca. anderthalbmal größer als der Titanosaurus gewesen wäre. Aber der massive Knochen ist aus dem American Museum of Natural History (New York City) verschwunden, wo der Rest von Copes Sammlung ausgestellt ist. Niemand weiß, was damit passiert ist.

Manche Experten meinen, dass Cope einen Fehler beim Aufschreiben der Knochengröße gemacht haben muss, da es sehr unwahrscheinlich ist, dass Dinosaurier so groß werden konnten. Andere behaupten jedoch, dass viele Dinos viel größer wahren als angenommen. Warum diese Unsicherheit? Nun, es ist sehr schwer, die Größe eines Dinosauriers nur aus Teil-Skeletten zu schätzen, und viele der Fossilien, die wir haben, stammen von Jungtieren, die noch viel größer geworden wären, hätten sie bis ins Erwachsenenalter überlebt.

Wie konnte also ein Dino, der größer war als ein Blauwal (das größte heute lebende Tier), auf der Erde leben? Das bleibt ein Rätsel – noch.

MEHR RÄTSEL, DIE GELÖST WERDEN MÜSSEN

COPES FEHLENDER KNOCHEN IST NICHT DAS EINZIGE UNGELÖSTE RÄTSEL. VIELE DETAILS ÜBER DIESE URALTEN TIERE SIND IMMER NOCH UNBEKANNT. HIER SIND DREI DER GRÖSSTEN GEHEIMNISSE, DIE PALÄONTOLOGEN QUÄLEN.

VELOCIRAPTOR

TAG ODER NACHT?

Waren Dinosaurier tagsüber aktiv und haben nachts ihren Schönheitsschlaf gehalten? Oder haben sie lieber im Schutz der Dunkelheit gejagt? Viele Experten meinen, dass kleine Säugetiere die Dino-Zeit überleben konnten, indem sie sich tagsüber versteckt hielten und nur nachts herauskamen, wenn die Fleischfresser schliefen. Aber ein paar bedeutende Dinos, wie z.B. der *Velociraptor* und der *Juravenator*, besaßen angepasste Augen, die viel Licht einließen, ein Hinweis darauf, dass auch einige der fleischfressenden Dinos durch die Schatten der Nacht geschlichen sind.

HEISS ODER KALT?

Forscher sind sich immer noch nicht sicher, ob Dinosaurier Kaltblüter (welche wie heutige Reptilien die Hitze von z.B. der Sonne zum warmbleiben benutzten), oder meist Warmblüter waren (die ihre Körperwärme konstant hielten, unabhängig von der Umgebungswärme, wie es z.B. beim Menschen der Fall ist). Die meisten heutigen Experten glauben, dass die Dinos in puncto Körpertemperatur den modernen Vögeln und Säugetieren sehr ähnlich waren. Andere meinen, die Dinosaurier lagen irgendwo zwischen Warm- und Kaltblüter. Einstweilen bleibt dies weiterhin ein ungelöstes Rätsel.

WIE VIELE DINOSAURIER GAB ES DENN?

Selbst das ist ein Rätsel, das vielleicht niemals gelöst wird. Paläontologen finden fast jede Woche einen neuen Dinosaurier. Und obwohl jeder neue Fund Chancen bietet, alte Rätsel zu lösen, eröffnet er den Forschern meist neue Puzzleteile, die auf eine Lösung warten.

HIGHLIGHT

NICHT-DINO TITANEN

Dinosaurier waren die Herrscher des Mesozoikum, aber sie waren damals nicht die einzigen Giganten. Schau dir mal diese eindrucksvollen, heute ausgestorbenen Rekordbrecher an, die auch in der Zeit der Dinos lebten.

GRÖSSTES **FLIEGENDES TIER**

WER: *Quetzalcoatlus*
WANN: Vor 70–65 Millionen Jahren
WO: Ebenen, Wälder, Lüfte **NAHRUNG:** Wirbeltiere, z.B. Dinosaurier

Der *Quetzalcoatlus* gehört zur Gruppe der Pterosaurier, Flugreptilien, die oft irrtümlich Dinosaurier genannt werden. Dieser "Riesenvogel" war fast so groß wie eine Giraffe und hatte eine Flügelspannweite von bis zu 10 Metern – so breit wie ein F-16 Kampfjet!

GRÖSSTER **KNOCHENFISCH**

WER: *Leedsichthys*
WANN: Vor 176–161 Millionen Jahren
WO: Ozeane **NAHRUNG:** Plankton

Er war doppelt so lang wie ein weißer Hai, aber dieser Riesenfisch war kein Raubtier. Er war ein Filtrierer, der gewaltige Mengen Wasser geschluckt und dabei mit seiner knochigen „Kiemenreuse" Plankton und andere winzige Tierchen herausgefiltert hat.

GRÖSSTES **MEERES-REPTIL**

WER: *Shastasaurus*
WANN: Vor 225–208 Mio. Jahren
WO: Ozeane
NAHRUNG: Tintenfisch, Fisch

Der zahnlose, kurzschnauzige Ichthyosaurier (im Meer lebendes Reptil) wurde bis zu 20 m lang – das ist die Länge von ca. 13 Badewannen – was ihn zum größten bekannten Meeresreptil macht.

GRÖSSTE **SEESCHILDKRÖTE**

WER: *Archelon*
WANN: Vor 75–65 Mio. Jahren **WO:** Ozeane
NAHRUNG: Fische, Quallen, Tintenfische, Pflanzen

Der gewaltige *Archelon* wog mehr als zwei Tonnen, war von Kopf bis Schwanz mehr als 4,6 m lang und hatte Flossen mit einer Spannweite von über 5 Metern. Diese Meeresschildkröte – deren nähester heute lebender Verwandter die Lederschildkröte ist (die nur halb so lange ist wie der Archelon) – soll bis zu 100 Jahre alt geworden sein.

KRASS!

MONSTER des MESOZOIKUM

Viele Dinosaurier waren riesengroß, aber eine Gruppe hat sie in dieser Kategorie alle übertrumpft. Die Sauropoden des Mesozoikum waren die größten Landbewohner, die jemals auf der Erde gelebt haben – mit Abstand. Aber wie konnten sie so groß werden? Experten sind sich nicht sicher, aber sie haben einige Vermutungen. Eine Hypothese, das evolutionäre Kaskadenmodell, besagt, dass sie so groß werden konnten, weil sie ihre Nahrung nicht gekaut haben. Seltsam, oder? Aber die Logik macht Sinn: Weil Sauropoden nicht gekaut haben, brauchten Sie keine großen Kiefer oder starke Kopfmuskeln, so dass ihr Kopf leichter war. Und weil sie keinen schweren Kopf hoch halten mussten, konnten Ihre Hälse länger wachsen. Ein langer Hals war viel beweglicher und konnte komfortabel eine größere Fläche abgrasen, ohne dass sich die Tiere viel fortbewegen mussten. Daher konnten Sie viel fressen, ohne allzu viel Energie zu verbrauchen. Und das ist der Grund, warum sie in der Lage waren, so unglaublich groß zu werden – so wird auf jeden Fall argumentiert.

SPÄTKREIDEEZEIT: SAUROPODE ISISAURUS

WAS SOLL DENN DAS?

MANCHE ERKLÄRUNGEN zur Größe der Dinos sind ziemlich verrückt. Die Schwerkraft war damals schwächer oder der Sauerstoffgehalt in der Atmosphäre höher, so dass es einfacher war, solch enorme Größen zu erreichen. Andere behaupten, dass damals die Pflanzenfresser eine viel größere „Salatbar" hatten als heute. Obwohl diese Hypothesen lustig sind, und bei einigen zumindest ein paar Details stimmen, kann keine dieser Ideen den kalten, harten Fakten standhalten.

DIE LAUTE DES CORYTHOSAURUS WAREN NICHT NUR HEISSE LUFT, DIESE DINOS HABEN SO KOMMUNIZIERT.

HOLZKOPF

Dieser gewaltige Pflanzenfresser war vielleicht nicht der größte Dinosaurier, aber hat vermutlich mächtig viel Lärm gemacht. Der *Corythosaurus* war eine Art Hadrosaurier (Entenschnabelsaurier), der vor etwa 75 Millionen Jahren in der Spätkreidezeit lebte. Er war mehr als 9 m lang, hatte eine Höhe von ca. 2 m (an der Hüfte) und könnte 5 Tonnen gewogen haben. Was war so besonders an ihm? Natürlich seine coole „Kopfbedeckung"! So hat er nämlich seinen Namen bekommen, der „Helmechse" bedeutet. Du findest das doof? Dann solltest du erst mal sein Inneres sehen. Forscher benutzten 2008 einen CT-Scanner – das gleiche Gerät, mit dem Ärzte in ihre Patienten „hineinsehen" – um sich das Innere dieser kurvigen Knochen zu studieren. Sie fanden heraus, dass der *Corythosaurus* aufgrund der Form seines Innenohrs in der Lage war, sehr tiefe Frequenzen zu hören. Und die hohlen Knochen könnten ihm dabei geholfen haben, sehr tiefe Laute von sich zu geben. Eine gesprächige Herde von Corythosauriern könnte in etwa wie die Cellogruppe eines Symphonieorchesters beim Einstimmen geklungen haben.
Warum hat der *Corythosaurus* soviel Lärm gemacht? Vielleicht um Gefährten anzulocken. Aber er könnte auch lautstark andere Corythosaurier vor gefährlichen Raubieren gewarnt haben – was damals extrem wichtig war, da diese Dinos keine natürliche Abwehr besaßen.

CORYTHOSAURUS WAR EIN HERDENTIER WIE DAS MODERNE GNU ODER DER BÜFFEL.

DINO GEGEN DINO

KAMPF DER MUCKIS

Wer wird unsere fantastischen Zweikämpfe gewinnen?

Experten schätzen diese beiden Sauropoden auf die gleiche Größe – etwa 5 Doppelbetten lang – aber seine aufsteigenden Halsstacheln gaben den *Amargasaurus* der unteren Kreidezeit ein imposanteres Aussehen als dem *Riojasaurus* des späten Trias.

Triceratops ist hier der klare Gewinner. Er übertrifft mit seinen 9,1 m die 6,7 m des *Pentaceratops* um ein leichtes. Aber hey, dem *Pentaceratops* gehört unser Respekt, dass er mehr Hörner hat: fünf gegenüber den dreien des *Triceratops*.

Mit einer Länge von fast 6 m war der *Utahraptor* doppelt so groß wie der *Deinonychus*. Aber der „Kleine" ist kein Verlierer. Der *Deinonychus* hat genau wie der *Utahraptor* scharfe Klauen, passend um seine Beute zu fangen und aufzuschnlitzen.

Die *Maiasaura*, alias die „gute Mutterechse", hätte wegen ihres Gewichts nicht ihre Eier ausbrüten können; sie musste sie stattdessen mit Blättern abdecken! Aber ihre 9 Meter waren dem 12 Meter langen *Charonosaurus* nicht gewachsen.

Ein Kopf-an-Kopf-Rennen! Mit 4,6 m Länge war der kuppelköpfige *Pachycephalosaurus* kein kleiner Kerl. Aber der doppelt so lange einhörnige *Tsintaosaurus* zieht locker an ihm vorbei.

ZAHLEN & FAKTEN

FUND BÜRO

Überreste von Dinos und anderen prähistorischen Tieren wurden auf jedem Kontinent der Erde entdeckt. Und es werden ständig neue gefunden. Hier sind nur ein paar Orte auf unserer Erde, die spektakuläre vorzeitliche Funde hervorgebracht haben.

Wüste Gobi, Mongolei
Über 80 Dino-Gattungen

Provinz Liaoning, China
Rund 60 Pflanzen-Spezies, 90 Wirbeltier-Spezies und 300 Spezies wirbelloser Tiere identifiziert

Naturparks Ischigualasto und Talampaya, Argentinien
Ca. 56 bekannte Gattungen (und noch mehr Wirbeltier-Gattungen) und über 100 Pflanzen-Spezies

Dinosaur Provincial Park, Alberta, Kanada
Mehr als 44 Spezies, 34 Gattungen und 10 Dino-Familien

FOSSILIEN SIND SPUREN ODER **RESTE VON ORGANISMEN,** DIE EINST **GELEBT HABEN.**

- DOMÄNE
- REICH
- STAMM
- KLASSE
- ORDNUNG
- FAMILIE
- GATTUNG
- SPEZIES

Dinosaurier ORGANISIEREN!

Wenn du Briefmarken oder Fußballkarten sammelst, oder vielleicht viele Bücher oder PC-Games hast, dann weißt Du, wie wichtig es ist, die Dinge zu ordnen. Das gleiche gilt auch für Tiere! Es gibt Milliarden von Lebewesen (Organismen) auf der Erde, und die Taxonomie ist das System, das Forscher benutzen, um sie in Gruppen zu klassifizieren – eine Art riesiger imaginärer Aktenschrank. Es gibt acht Stufen der Klassifizierung. Die Spitze, oder die größte Gruppe, wird Domäne genannt. Der Boden (die kleinste Gruppe) wird Spezies genannt. In der Schublade über der Spezies wäre die Gattung usw.

TIPP: Ein Merksatz, der dir dabei hilft, die Reihenfolge der Klassifizierungen schnell zu lernen: Doch Rasch Siegte Karl Ohne Furcht Gegen Siegfried.

RIESIGE KROKOS

Lang ist's her! Die Vorfahren der modernen Krokodil-Familie (Krokodile, Alligatoren, Kaimane und Ghariale) tauchten erstmalig im Obertrias vor 200 Millionen Jahren auf. In der Mitte der Kreidezeit (ungefähr 100 Millionen Jahre später) hatten sich einige – wie ihre Dino-Verwandten – zu übergroßen Raubtieren entwickelt.

Das größte heute lebende Krokodil, das Salzwasser-Krokodil, wird enorme 5,2 m lang und 454 kg schwer, aber was sagst du erst zu dieser Größe: vor 112 Millionen Jahren trieb ein heute ausgestorbenes, krokodilähnliches Reptil an den Urflüssen der Sahara sein Unwesen, das doppelt so lang und etwa 20 Mal so schwer war. Der *Sarcosuchus imperator* lag auf der Lauer, griff seine ahnungslose Beute urplötzlich an und verschlang sie mit seinen riesigen 1,5 Meter langen Kiefern. Nicht sehr überraschend, dass prähistorische Krokos von diesen enormen Ausmaßen auch sehr große Beutetiere angriffen: Bisswunden, die in den Knochen einiger Tyrannosaurier gefunden wurden, stimmten mit den Zähnen des 70 Mio. Jahre alten *Deinosuchus* („Terrorkrokodil") überein, einem 10 Tonnen schweren Räuber, der wahrscheinlich so lang wie der T-Rex war. Größere Beute wurde in Stücke gerissen und Kleinere einfach verschlungen (Schmatz!).

KROKODILE UND IHRE **AUSGESTORBENEN VERWANDTEN** (GEMEINSAMER NAME: CROCODYLOMORPHA) SIND TEIL DER GLEICHEN GRUPPE (ARCHOSAURIER), ZU DER AUCH DIE **DINOSAURIER** UND **VÖGEL** GEHÖREN.

KROKODILE

GRUPPE: **REPTILIEN**

AKTUELL WO: **ASIEN, AFRIKA, AMERIKA, AUSTRALIEN**

LEBENSRAUM: **TROPEN; IN DER NÄHE VON FLÜSSEN, SEEN, FEUCHTGEBIETEN UND EINIGEN SALZWASSERREGIONEN**

ANZAHL LEBENDER SPEZIES: **23**

AUF EINEN BLICK

SAUROPOD FUSSSPUREN

1 GRÖSSTER KOPF

Dieser großkopfige Pflanzenfresser hatte vermutlich den größten Schädel aller Landtiere: das Fossil dieses „Dickkopfs" war mehr als 3 m groß. Der *Pentaceratops* – das bedeutet „Fünfhorngesicht" – durchstreifte die bewaldeten Ebenen Nordamerikas am Ende der Kreidezeit.

2 GRÖSSTE FUSSABDRÜCKE

Kannst du dich an die gigantischen *Sauropoden* erinnern? Sie hatten auch große Füße! Forscher glauben, dass ein Sauropode mit mehr als 44 Tonnen Gewicht und 25 m Länge die riesigen Fußabdrücke hinterließ, die 2009 in einem Dorf in Frankreich entdeckt wurden. Die Abdrücke waren mit 1,5 m so breit, dass du dich sogar hineinlegen könntest!

3 GRÖSSTE DINO-AUGEN

Der *Dromiceiomimus* hatte Augen, die etwa 76 cm breit waren – etwa der Durchmesser eines Baseballs. Dieser zweibeinige, alles fressende Ornithomimid (Strauß-ähnlicher Dino) fraß Pflanzen genauso wie Fleisch und lebte vor 74 bis 70 Mio. Jahren in Kanada. Er benutzte seine enormen Augen, um bei Nacht oder bei schwachem Licht zu jagen.

PENTACERATOPS

DROMICEIOMIMUS

TORVOSAURUS

LEAELLYNASAURA

4 GRÖSSTES LANDRAUBTIER EUROPAS

Der im Jura lebende *Torvosaurus gurneyi* war 10 m lang und brachte 4 bis 5 Tonnen auf die Waage. Unvollständige Überreste aus Deutschland und Großbritannien weisen darauf hin, dass es noch andere (vielleicht größere) räuberische Dinosaurier in Europa gab.

5 LÄNGSTER NAME

Sag es 5 x schnell hintereinander! *Micropachycephalosaurus*! Dieser „kleine Riese" aus der Oberkreidezeit hat den wohl längsten Namen aller Dinosaurier, aber mit nur 60 cm Länge und weniger als 4,5 kg Gewicht – die Größe einer durchschnittlichen Hauskatze – ist er eigentlich einer der kleinsten Dinosaurier überhaupt.

6 LÄNGSTER SCHWANZ

Dinosaurier werden in zwei Gruppen eingeteilt: Echsenbeckendinosaurier (Saurischia) und Vogelbeckensaurier (Ornithischia). Der 3 m lange, zweibeinige *Leaellynasaura* hatte vielleicht den längsten Schwanz aller Ornithischia, ungefähr dreimal so lang wie sein Kopf, Hals und Körper zusammen! Der *Leaellynasaura* lebte vor 106 Millionen Jahren im heutigen Südaustralien.

MICROPACHYCEPHALOSAURUS

EIN FUND AUS VERGANGENER ZEIT

2012 wurden mehrere in den Schlamm gedrückte Dino-Fußspuren aus der Kreidezeit im Gelände des Goddard Space Flight Center der NASA in Greenbelt im Bundesstaat Maryland, USA gefunden. Es wird vermutet, dass es junge und alte Nodosaurier – schwer gepanzerte, stachelige Pflanzenfresser – und ein Ornithopode war, ein mittelgroßer Dino-Vegetarier.

LANGE LEBEN DIE DINOS?

BEI EINEM WACHSTUMSSCHUB LEGTE DER APATOSAURUS WOMÖGLICH BIS ZU 6 TONNEN PRO JAHR ZU!

APATOSAURUS

LAUT EINER STUDIE WAR **DAS WACHSTUMSTEMPO** EINES T-REX VERGLEICHBAR MIT DEM DER HEUTIGEN **VÖGEL.**

Sicher, viele Dinos waren gigantisch, aber bedeutet das auch, dass ihre Lebenserwartung hoch war? Früher dachten Forscher, dass Dinosaurier 100 Jahre oder älter geworden sind. Wie kamen sie denn darauf? Sie verglichen die Dinosaurier-Wachstumsrate mit der von heutigen Reptilien, wie z.B. Schildkröten, die sehr langsam wachsen und 150 Jahre oder älter werden. Aber erst kürzlich wurde eine bahnbrechende Entdeckung gemacht: Forscher fanden Wachstumsringe in Dinoknochen. Wir wissen von Untersuchungen an modernen Wirbeltieren (Tiere mit Rückgrat), dass Wachstumsringe entstehen, wenn sich während des Wachstums eine neue Knochenschicht bildet, ähnlich der Jahresringe bei Bäumen. Nun konnte man die Wachstumsringe einer dünnen Dinoknochen-Scheibe untersuchen und damit das Alter des Tieres abschätzen. Dies gibt uns zumindest wichtige Hinweise auf das Wachstumstempo des Tieres, so dass genauere Schätzungen möglich sind.

Lebten Dinosaurier wirklich länger als 100 Jahre? Eher nicht. Man schätzt, dass die großen Pflanzenfresser, wie z.B. der *Brachiosaurus*, gemäß der Wachstumsringe wahrscheinlich höchstens 70 - 80 Jahre alt wurden. Die "kleineren Fleischfresser, wie der T-Rex, wurden ca. 30 Jahre alt. Vielleicht haben sie damit zwar keinen Langlebigkeitsrekord aufgestellt, aber sie hatten trotzdem einige Jahrzehnte auf dem Buckel.

MEGA SPUREN!

Vergleiche mal diese Fußspuren aus der Urzeit mit denen von heute. Kannst du dem großfüßigen Koloss die Spur zuordnen, die er hinterließ?

A

BÄR

2

1

B

SAUROPOD

LÖSUNG

A: 3; B: 2; C: 1; D: 5; E: 4

C

SALZWASSER-KROKO

4

3

E

ELEFANT

D

THEROPOD

5

KAPITEL 2

KLEIN ABER OHO— EINIGE DER KLEINSTEN DINOSAURIER WAREN AUCH DIE COOLSTEN!

Hast du etwa gedacht, dass es nur große Dinosaurier in dieses Buch schaffen? Mini-Dinos können auch schnell, gefährlich und cool sein. Ab der nächsten Seite lernst du diese kleinen Wunder kennen.

SCUTELLOSAURUS

UND DER SIEGER IST ...

FORSCHER HABEN HERAUSGEFUNDEN, DASS DIE FEDERN DES MICRORAPTORS **SCHILLERND** WAREN, DAS HEISST, SIE HATTEN EINEN METALLISCHEN GLANZ WIE DIE FEDERN EINES **PFAUS** ODER **KOLIBRIS.**

MICRORAPTOR

ART: **DROMAEOSAURIER**

NAHRUNG: **FLEISCH**

WANN: **128 - 124 MJ**

WO: **CHINA**

GEWICHT: **900 G (CA. 2 PFUND)**

LÄNGE: **90 CM**

HÖHE: **30 CM**

Der kleinste uns bekannte Dino war Fleischfresser und beeindruckte durch seine Federn an Vorder- und Hinterbeinen, vergleichbar mit den „Flugfedern" der heutigen Vögel. Wissenschaftler glauben nicht, dass der *Microraptor* wirklich fliegen konnte. Der auf Bäumen lebende, krähengroße Dino soll mit seinen scharfen, gekrümmten Krallen die Bäume hinaufgeklettert und mit seinen primitiven Flügeln von Ast zu Ast gesegelt sein, um seine Lieblingsbeute zu jagen: Insekten, Eidechsen und kleine Säugetiere.
In Windkanal-Experimenten hat man festgestellt, dass der winzige Dino in der Lage war, aus einer Höhe von 20 bis 30 m zu springen – was ungefähr der Höhe der Bäume entsprach, die es in der Gegend Chinas gab, in der der Microraptor während der frühen Kreidezeit lebte.

AUF DEM 2. PLATZ ...

Pass auf, wo Du hintrittst! Du hättest diese Minidinos beinahe geplättet.

PARVICURSOR

Einige Forscher vermuten, dass der taubengroße *Parvicursor* der kleinste Dino sein könnte. Aber dieser spätkreidezeitliche Fleischfresser aus der Mongolei (sein Name bedeutet „Kleiner Läufer") ist uns nur durch ein Teilskelett bekannt. Einstweilen muss er sich mit Platz 2 begnügen. Der *Microraptor* – von dem Forschern bisher etwa 300 Fossilien zur Verfügung stehen – bekommt daher unsere Mini-Krone.

COMPSOGNATHUS

Dieser kleine vorzeitliche Räuber hatte nur die Größe einer Pute, war aber definitiv kein Hühnchen! Der *Compsognathus* war ein wilder, schneller Jäger des Spät-Jura, mit scharfen Zähnen, Klauen und einem Schwanz, der halb so lang war wie sein Körper. Er half ihm beim Rennen das Gleichgewicht zu halten und seine Beute, wie z.B. Eidechsen, einzuholen.

LESOTHOSAURUS

Kaum zu fangen! Der *Lesothosaurus* entwickelte sich vor ca. 200 Millionen Jahren im heutigen Südafrika. Aufgrund seiner Knochenstruktur schätzt mann, dass der 1 Meter große Pflanzenfresser ein blitzschneller kleiner Bursche war. Er hatte sehr lange Füße und Schienbeine, die länger als seine Oberschenkel waren; eine Anatomie, die bei heutigen schnelllaufenden Tieren, z.B. beim Strauß, ähnlich ist.

MINMI

Nein, das ist nicht „Mini-Me"! Der Name des *Minmi* kommt aus der Gegend in Australien, in der er entdeckt wurde. Er war ein träger Pflanzenfresser der Kreidezeit, dessen Körper (selbst der Bauch!) mit kleinen, harten, abgerundeten Panzerplatten bedeckt war. *Minmi* war nur ca. 80 cm groß und fraß wahrscheinlich Früchte, Samen und andere Pflanzen.

DIE PLÄTZE 3 BIS …

Hier kommen kleine Dinos ganz groß raus: die Kleinsten ihrer Art!

KLEINSTER **SAUROPOD**

EUROPASAURUS

Ihr wisst ja bereits, dass Sauropoden wie unser „großer" Gewinner, der Titanosaurus, die größten Landbewohner waren, die jemals die Erde bevölkerten. Daher ist es schwer vorstellbar, dass einige von ihnen so klein waren wie der 154 Millionen Jahre alte *Europasaurus*! Forscher glauben, dass diese Spezies – deren Fossilien „nur" ca. 6,2 Meter groß waren – aufgrund begrenzter Nahrungsquellen auf den von ihnen bevölkerten Inseln (im heutigen Deutschland) relativ klein blieben.

KLEINSTER **TYRANNOSAURUS**

DILONG

Würdest Du glauben, dass dieser winzige Tyrannosaurus mit dem riesigen T-Rex verwandt ist? Ist aber so! Aus der Zeit vor 128 Millionen Jahren stammend, war der gefiederte *Dilong* einer der ältesten bekannten Tyrannosaurier und auch einer der kleinsten: Er war nur ungefähr ein Achtel so groß wie der kolossale König der Dinos.

KLEINSTER **DINO MIT PANZER**

SCUTELLOSAURUS

Der *Scutellosaurus* ist ein früher Verwandter des panzerförmigen Ankylosaurus. Nur 1,2 Meter lang und doppelt so schwer wie eine Hauskatze, trug der 196 Mio. Jahre alte Pflanzenfresser vom Hals bis zum Schwanz mehr als 300 Schutzplatten – jede kleiner als ein Kronkorken – auf seiner Haut, was ihm dringend gebrauchten Schutz vor Raubtieren verschaffte.

KLEINSTER **CERATOPSIA**

AQUILOPS

Der älteste Verwandte des Triceratops, der in Nordamerika gefunden wurde, ist auch einer der kleinsten, jemals gefundenen *Ceratopsia* (gehörnte Dinos mit "Mähne"). Diese Kreatur der Frühkreidezeit war so leicht wie ein Kaninchen. Er wog nur 0,2 % des Gewichtes eines *Triceratops*.

FALLSTUDIE

KLEINE PALÄONTOLOGEN

DAISY MORRIS, UMGEBEN VON IHRER FOSSILIEN-, MUSCHEL- UND KNOCHENSAMMLUNG

Dinos gab es in allen Formen und Größen, von „breiter als ein Wal" bis „nicht größer als ein Vogel". Aber wusstest du, dass die Entdecker prähistorischer Funde auch sehr klein sein können? Daisy Morris war nur vier Jahre alt, als Sie 2008 beim Spazieren am Strand nicht weit entfernt von Ihrem Zuhause auf der Isle of Wight in England einen Knochen fand. Dieser gehörte zur Spezies des *Pterosaurus* – damals noch unentdeckt. Und das Beste? Wissenschaftler gaben der neuen Spezies den Namen seiner Entdeckerin: *Vectidraco Daisymorrisae*. Wie cool ist das denn? Du wärst überrascht, wie viele Kids schon Fossilien entdeckt haben! Wylie Brys war im selben Alter wie Daisy, als er 2014 in Texas, USA seinen Fund machte. Er spielte mit seinem Vater auf einer Baustelle Fußball und grub den Knochen eines *Nodosaurus* aus: ein gepanzerter Pflanzenfresser aus dem späten Jura. Ein weiterer junger Dino-Jäger, Diego Suarez, war sieben, als er sich 2004 mit seinen Eltern, beide Geologen, auf eine Forschungsreise nach Chile begab. Dort fand er die Knochen eines pflanzenfressenden Verwandten des T-Rex, der auch zu seinen Ehren benannt wurde: *Chilesaurus Diegosuarezi*. Wie kommt's, dass Kinder so erfolgreiche Fossilienentdecker sind? Vielleicht hilft es, näher am Boden zu sein. Wie auch immer! Halt deine Augen auf, wenn du das nächste Mal draußen spielst! Man weiß nie, ob man nicht vielleicht seinen eigenen prähistorischen Schatz freilegt!

MEHR ÜBER IHRE TOLLEN FUNDE!

NODOSAURUS

Wylie fand ein 100 Millionen Jahre altes Nodosaurus-Fossil, was an sich schon sensationell ist. Aber hinzu kam noch, dass er es in Texas entdeckte, wo man bis dahin nur sehr wenige landlebende Dinosaurier gefunden hatte. Der Nodosaurus war ein 4 bis 6 Meter langer, gepanzerter Pflanzenfresser, der vom späten Jura bis zur Frühkreidezeit lebte.

VECTIDRACUS DAISYMORRISAE

Daisys Fund war eine große Sache: Er war nicht irgendein Dino, sondern ein Pterosaurier – ein zahnloses Flugreptil, das in der Kreidezeit lebte und über den Köpfen der Dinosaurier segelte. Sie hatte eine völlig neue Spezies der Vielflieger entdeckt.

CHILESAURUS DIEGOSUAREZI

Diegos berühmter Fund wurde als Puzzle-Dino beschrieben. Warum? Als Vegetarier-Ausgabe des *T-Rex* hatte der 3 m lange Theropode die winzigen Arme seines Cousins, aber mit stumpfen Fingern anstelle der Klauen. Seine Hinterbeine ähnelten eher denen des *Diplodocus*, als denen des *T-Rex* und sein Becken erinnert an das des *Triceratops*.

HIGHLIGHT

KLEINER ARM, WAS NUN?

Bitte nicht lachen: Einige der größten Dinosaurier hatten wahnsinnig kleine Arme.

KURZ GESAGT: Schau dir diese Typen mal an. Findest du ihr Aussehen nicht auch lustig? Genau: ihre Arme sind im Vergleich zu ihrem riesigen Körper geradezu winzig. Man fragt sich, warum diese gewaltigen Raubtiere der späten Kreidezeit nicht überall gleich groß geworden sind. Ihre Arme waren viel zu kurz, um den Mund zu erreichen oder um bei einem Sturz ihren Körper zu stützen. Wahrscheinlich konnten sie ihre Arme nicht mal zum Packen ihrer Beute benutzen. Was für einen Nutzen hatten ihre Arme also eigentlich? Experten mutmaßen hier nur: zum Zerreißen von Kadavern vielleicht, oder als Fleischhaken beim Fressen, oder sogar nur als Hilfe zum Aufstehen nach dem Mittagsschlaf. Forscher glauben auch, dass die kleinen Vorderarme „verkümmert" gewesen sein könnten, also Körperteile, die einst nützlich waren und im Laufe der Evolution immer kleiner und weniger brauchbar wurden. Übrigens: Hast Du gewusst, das Menschen auch verkümmerte Körperteile haben? Aber klar! Die Weisheitszähne, das Steißbein und der Blinddarm werden alle als verkümmert angesehen.

TYRANNOSAURUS REX

Der turmhohe *T-Rex* hat einen furchterregenden Ruf, unter anderem auch, dass der berühmte Jäger und Aasfresser der größte Dino aller Zeiten war. War er nicht! Aber er war dennoch einer der größten fleischfressenden Dinosaurier, die jemals gelebt haben. Die Greifarme des *T-Rex* mögen ja recht klein ausgefallen sein – etwa genauso lang wie der Arm eines Menschen – aber sie hatten scharfe Klauen und waren stark und kräftig gebaut.

MAJUNGASAURUS

Trotz seiner kurzen, dicken Vorderarme war der 7 Meter lange *Majungasaurus* früher das beherrschende Raubtier auf der Insel des heutigen Madagaskar. Dieser starke, breitköpfige Fleischfresser hat sogar Mitglieder seiner eigenen Spezies gejagt!

CARNOTAURUS

Man könnte erwarten, dass ein 2,2 Tonnen schwerer Dino mit zwei bedrohlichen Hörnern auf dem Kopf, dessen Name „fleischfressender Stier" bedeutet, auch über beeindruckende Vordergliedmaßen verfügt, um seine Feinde zu verprügeln. Weit gefehlt! Der schnelllaufende Fleischfresser hatte ganz kleine Hände und Arme, die kürzer als die eines Menschen waren!

KRASS!

KNOBELAUFGABE

Was gibt es Neues in Sachen Intelligenz?

STEGOSAURUS

OBWOHL sie klein ist, hat die Krähe kein Spatzenhirn. Oft stellt sie sich genauso gut an wie die schlauen großen Affen.

PFERDE tun eine Menge für Menschen – Lasten ziehen, reiten, über Hindernisse springen, wenn wir es befehlen. Aber sie haben auch gezeigt, dass sie nicht nur kräftig, sondern auch lernfähig und klug sind. Forscher haben kürzlich Pferden beigebracht, mit ihren Schnauzen auf Symbole zu zeigen.

Der Name „Spatzenhirn" ist nicht immer eine Beleidigung! Es hängt davon ab, wie groß du bist! Es hat sich herausgestellt, dass ein Tier mit kleinem Gehirn nicht unbedingt dumm ist. Und Tiere mit großem Gehirn sind nicht immer schlau. Vielmehr kommt es darauf an, wie groß das Gehirn im Vergleich zur Körpergröße des Tieres ist. Je größer das Tier ist, desto mehr Gehirn braucht es, um den Körper zu steuern. Also: wenn du ein großes Tier bist mit einem kleinen Gehirn – wie der *Stegosaurus* – hast du nicht genug Hirnschmalz, um mehr als das Wesentliche zu erledigen (essen, fortpflanzen und sich gegen Raubtiere verteidigen). Auf der anderen Seite ist die Krähe ein kleines Tier, aber ziemlich klug, durchschnittlich schlauer als das viel größere Pferd. Wenn Forscher versuchen zu schätzen, wie schlau die Dinosaurier waren, verwenden sie auch den sogenannten EQ. Dieser „Encephalization Quotient" ist ein Weg, die Größe eines Dinosaurierhirns mit Gehirnen moderner Tiere der gleichen Größe zu vergleichen, um deren Klugheit zu bestimmen.

WISSENSCHAFTLER MEINEN, DASS DAS ZUSAMMENLEBEN IN DER GRUPPE MEHR INTELLIGENZ ERFORDERT, ALS DAS LEBEN ALS EINZELGÄNGER. DAHER WAREN IN DER HERDE LEBENDE DINOS INTELLIGENTER ALS NOMADEN.

DINO-DETAILS

DER MÄCHTIGE MUSSAURUS

DER MUSSAURUS WAR EINER DER **ERSTEN DINOSAURIER.** ER LEBTE IM OBERTRIAS – VOR ETWA 215 MILLIONEN JAHREN.

Das kleinste jemals gefundene Dinoskelett wurde in den 1970er Jahren in Argentinien in einem Dinosauriernest entdeckt. Das Fossil war nur ca. 20 cm lang. Diese als klein angenommene Spezies nannte man *Mussaurus* (Maus-Echse). Aber die Knochen täuschten: Mehr als 30 Jahre später sorgten erste Funde von ausgewachsenen Tieren dieser Spezies für eine große Überraschung: Es stellte sich heraus, dass der *Mussaurus* als ausgewachsenes Tier bis zu 3 m lang werden konnte. Für einen Dino vielleicht nicht besonders groß, aber wesentlich größer als eine Maus!

Die *Mussaurus*-Fossilien gaben aber noch weitere Hinweise: Als die Skelette der Jungtiere gefunden wurden, wusste man noch nicht viel über das Nistverhalten dieser Dinos, da bis dahin noch nicht viele Babys und Nester gefunden wurden. Dieser Fund zeigte, dass Baby-Dinos – genau wie Menschen – den Erwachsenen nicht sehr ähnlich sehen. Der *Mussaurus* gab den Forschern auch mehr Einsicht in das Familienleben der Dinosaurier. So blieben Dino-Eltern z.B. solange in der Nähe ihrer Babys, bis diese das Nest verlassen konnten. Wer will da noch behaupten, dass prähistorische Reptilien nicht süß sein konnten?

DINO GEGEN DINO

KLEIN, ABER FLINK

Sie waren vielleicht klein, aber auch richtige Flitzer! Um zu überleben, mussten diese Mini-Dinos schneller als jedes Raubtier sein! Aber wer von ihnen war der Schnellste?

LESOTHOSAURUS vs. LINHENYKUS

Der *Lesothosaurus* bekommt bei diesem Wettlauf die Medaille, weil er nicht nur schnell war, sondern mit seinen langen Beinen dem kleineren *Linhenykus* ganz locker davonlief. Pech gehabt, lieber *Linhenykus*.

MINMI vs. SCUTELLOSAURUS

Zwei gepanzerte Dinos liefern sich ein Kopf-an-Kopf Rennen – klingt nicht besonders spannend. Aber das Tempo des *Scutellosaurus* würde dich überraschen. Der Dino war leicht gebaut und lief auf zwei Beinen, wodurch er den viel langsameren *Minmi* leicht hinter sich lassen würde.

SIEGER

ARCHAEORNITHOMIMUS VS. MICRORAPTOR

Der *Microraptor* war klein, aber überhaupt nicht schnell. Anstatt wie ein Adler zu fliegen, glitt er wie ein Drachen dahin. Sieht schön aus, ist aber langsam. Der *Archaeornithomimus* würde dieses Rennen ohne zu schwitzen gewinnen.

COMPSOGNATHUS VS. SCANSORIOPTERYX

SIEGER

Der *Compsognathus* war schnell genug, um Echsen, seine bevorzugte Beute, zu erwischen. Der *Scansoriopteryx* kletterte lieber Bäume im Eiltempo hinauf, so dass dieser Sieg kampflos an den *Compsognathus* gehen würde.

DINOS: KOPF BIS FUSS

Frage: Wie viele dieser Dinos müsste man hintereinanderstellen, um die Länge des Titanosaurus zu erreichen.

MICRORAPTOR: 41

LESOTHOSAURUS: 37

MINMI: 12

EUROPASAURUS:
6
DROMICEIOMIMUS:
11
DILONG:
24

KLEIN ABER MÄCHTIG

Bienen, die seit ungefähr 120 Millionen Jahren auf der Erde herumschwirren, sind äußerst wichtig für Landwirtschaft und Gartenbau auf der ganzen Welt. Diese kleinen Insekten, die sich übers Picknick hermachen und uns manchmal auch stechen, spielen genau genommen eine sehr wichtige Rolle für unser Überleben. Wie das denn? Diese geflügelten Arbeitswunder transportieren beim Fliegen ganz nebenbei noch Samen und Pollen von einer Blume zur nächsten und helfen so den Pflanzen beim Wachsen. Und sie sorgen für unsere Nahrung: Fast jedes dritte Lebensmittel, das wir essen, hängt direkt oder indirekt von der Bestäubung der Honigbiene ab, so z.B. mehr als 130 Früchte und Gemüsesorten. Bienen helfen bei der Herstellung von z.B. Orangen, Karotten, Blaubeeren und Broccoli. Und sie bestäuben das Futter für Tiere, die unser Mittagessen sind. Wenn Bienen aussterben würden, wäre dies das Ende vieler (Nutz-)Pflanzen. Also: Sei bloß froh, dass sie um dich herumsurren!

Bienen überlebten zwar das Massenaussterben, das die Dinosaurier ausrottete, aber sie sind heute ernsthaft bedroht! Bienen verschwinden in einer alarmierend hohen Zahl durch ein Phänomen, dass „Colony Collapse Disorder" (kurz CCD) genannt wird, wobei sie ihre Bienenstöcke verlassen und nicht mehr zurückkehren. Warum passiert das denn? Man glaubt, dass z.B. die Verwendung von Pestiziden, das Auftreten von Parasiten, der Verlust des Lebensraums durch Bebauung und der weltweite Klimawandel dafür verantwortlich sind. Regierung und Landwirtschaft ergreifen nun Maßnahmen zur Untersuchung und Verhinderung des Rückgangs der Honigbienenpopulation. Wir brauchen diese kleine Wesen für unser Überleben, und das ist keine Kleinigkeit.

BIENEN

GRUPPE: **WIRBELLOSE**

VERBREITUNG: **WELTWEIT, AUSSER ANTARKTIS**

LEBENSRAUM: **BAUERNHOF, GARTEN, WIESE; BLUMEN UND FELDFRÜCHTE**

ZAHL DER LEBENDEN ARTEN: **MEHR ALS 20.000**

BIENEN UND ANDERE BESTÄUBER—**VÖGEL, FLEDERMÄUSE, SCHMETTERLINGE,** UND EINIGE INSEKTEN—TRAGEN DIE **POLLEN** VON PFLANZE ZU PFLANZE, GENAUSO WIE DER **WIND.**

AUF EINEN BLICK

HESPERONYCHUS

1 KLEINSTER FLITZER

Paläontologen glauben, dass eine Gruppe langbeiniger Dinos, die *Ornithomimosaura* („Vogelnachahmer") hießen, die schnellsten Dinosaurier von allen waren. Man vermutet, dass einer von ihnen, der *Dromiceiomimus*, bis zu 80 km/h schnell rennen konnte. Das ist sogar etwas schneller als der schnellste heute lebende Zweibeiner: Der Vogel Strauß.

2 KLEINSTES RAUBTIER NORDAMERIKAS

Der kleinste uns bekannte fleischfressende Dinosaurier ist der *Hasperonychus*, der so groß wie ein Huhn war und messerscharfe Klauen basaß. Mit seinen dolchartigen Zähnen mampfte er Insekten und kleine Säugetiere, die er in den Wäldern und Sümpfen der oberen Kreidezeit aufspürte.

3 KLEINSTER ENTENSCHNABEL-DINOSAURIER

Am Ende der Kreidezeit bevölkerte der *Tethyshadros* eine Insel in der Gegend des heutigen Italien. Die eingeschränkte Reichweite dieses Inselbewohners ist wahrscheinlich verantwortlich für seine geringe Größe im Vergleich zu seinen „großen Brüdern" vom Festland.

DROMICEIOMIMUS

TETHYSHADROS

STEGOSAURUS

HIRN IM HINTERN: EIN MYTHOS?

Einige Forscher haben früher geglaubt, dass der *Stegosaurus* ein „zweites Gehirn" in seinem Hinterteil besaß. Man wusste, dass er für seine Größe ein mickriges Gehirn hatte, so dass man sich fragte, ob vielleicht ein Zweitrechner unterhalb des Rückens vonnöten war, der Hinterbeine und Schwanz gesteuert hat. Heute weiß man, dass dies falsch ist. Dinos haben nur ein Gehirn.

4 KLEINSTES GEHIRN

Das Hirn des *Stegosaurus* könnte das kleinste eines Dinosauriers verglichen zu seiner Körpergröße gewesen sein. Obwohl es nicht unbedingt für Quantenphysik geeignet war, half dieser kleine Prozessor dem *Stegosaurus* beim Überlebenskampf. Das Geruchszentrum war relativ groß, was dem *Stegosaurus* dabei half, sein Mittagessen zu erschnüffeln.

5 KLEINSTER VOGELBECKEN-DINO

Der *Fruitadens nabs* – nur so groß wie ein Eichhörnchen – schnappt sich den Titel „Kleinster Ornithischia (Vogelbecken-Dinosaurier), eine Gruppe, die den *Stegosaurus* und *Triceratops* einschließt. Dieser kleine Allesfresser aus dem späten Jura erhielt seinen Namen nach der Gegend, in der er gefunden wurde.

6 KLEINSTER DINO DER MODERNE

Die heutigen Vögel stammen auch von Dinosauriern ab – was Vögel sozusagen zu Dinos macht. Daher wäre der kleinste heute lebende Dino die *Bienenelfe*, ihres Zeichens der kleinste Vogel der Welt.

FRUITADENS

BIENENELFE

COMPUTERGENERIERTES BILD EINES MODELLS DES KENTROSAURUS („STACHELECHSE"), EIN PFLANZENFRESSER DES JURA UND VERWANDTER DES STEGOSAURUS

FORSCHER BEFESTIGTEN **SCHWANZ-ATTRAPPEN** AN HÜHNERN, UM BESSER ZU VERSTEHEN, WIE EIN DINO **GELAUFEN** IST.

WISSENSCHAFT FÜR JEDERMANN

Versteinerte Knochen können bei der Suche nach dem Aussehen eines ausgestorbenen Tieres helfen. Aber zu bestimmen, wie sich das Tier bewegt hat, ist eine viel verzwicktere Angelegenheit. Ist der Dino gerannt, gehüpft oder gemächlich dahingeschlurft? Bloßes Betrachten der Knochen reicht nicht aus, aber Forscher haben zur Lösung dieses Rätsels eine High-Tech-Lösung gefunden. Zuerst stellt man am Computer mit Hilfe eines Laserscanners ein 3-D-Modell des Dino-Skeletts her. Dann fügt man Muskeln hinzu, die man durch zurückgebliebene Narben auf den Knochen bestimmt. Zuletzt werden verschiedene Gangarten (rennen, hüpfen, traben) getestet, um zu sehen, welche funktionieren und welche zu viel Belastung für die Dino-Knochen wären. Das Ergebnis ist eine Computersimulation, die lange ausgestorbene Dinosaurier wieder zum Leben erweckt.

Früher dachte man, dass der riesige *Argentinosaurus* aufgrund seiner Größe Schwierigkeiten beim Laufen gehabt haben könnte. Doch das Ergebnis der Computersimulation später zeigt, dass der große Kerl sehr wohl fähig war, mit ca. 8 km/h durch die Gegend zu wandern, für uns ein flotter Spaziergang durch den Wald. Das ist zwar kein Rekord, aber schnell genug für einen Riesen, der als Beutetier für die meisten Raubtiere zu groß war.

PALÄONTOLOGEN FÜGEN VERSTEINERTE KNOCHENRESTE EINES TITANOSAURUS ZUSAMMEN.

FRÜHER UND HEUTE

WELCHER MINI-DINOSAURIER PASST VON DER GRÖSSE HER ZU WELCHEM HEUTE LEBENDEN TIER?

B TRUTHAHN

4 SCUTELLOSAURUS

1 FRUITADENS

HASE A

C HUND

F EICHHÖRNCHEN

LÖSUNG
1: F; 2: B; 3: D; 4: C; 5: E; 6: A

WARNUNG: TÖDLICH! DINOS MIT FURCHTBAREN ZÄHNEN UND RIESIGEN KLAUEN! BETRETEN AUF EIGENE GEFAHR!

Was macht einen Dino zum tödlichen Gegner? Die gewaltige Größe? Messerscharfe Zähne und Klauen? Oder vielleicht seine hohes Tempo beim Jagen? Hier lernst du alles kennen, was einen Dino zur tödlichen Waffe macht.

YANGCHUANOSAURUS

UND DER SIEGER IST...

SPINOSAURUS

Dieser Fleischfresser der Kreidezeit war der längste Raubsaurier, der jemals die Erde bevölkerte. Mit seinem auffälligen, segelartigen Rücken war der *Spinosaurus* von Schnauze bis Schwanz fast so lang wie eine Bowlingbahn. Das ist sogar noch länger als der T-Rex. Er hatte starke Arme und drei riesige Klauen an jeder Hand. Aber er beherrschte sein Reich aus einem anderen Grund: Der *Spinosaurus* konnte seine Beute an Land jagen wie auch im Wasser, was sein bevorzugtes Jagdgebiet war. Mit paddelähnlichen Füßen und Nüstern, die im hinteren Teil seiner krokodilähnlichen Schnauze saßen (so dass er teilweise unter Wasser atmen konnte), war er vermutlich lange Zeit in Flüssen und Seen unterwegs. Mit seinem riesigen Rachen und scharfen Zähnen schnappte er fast jede Beute: Lungen- und Sägefische, Haie oder auch den *Mawsonia*, ein Quastenflosser, so groß wie ein Auto.

ART: SPINOSAURID
NAHRUNG: FLEISCH
WANN: 112 BIS 97 MJ
WO: NORDAFRIKA
GEWICHT: 8,8 TONNEN
LÄNGE: 16,8–17,1 METER

AUF DEM 2. PLATZ ...

Aufpassen! Diese tödlichen Dinos haben ihre Beute aufgeschlitzt und in Stücke gerissen.

TÖDLICHSTE **BEISSKRAFT**

TYRANNOSAURUS REX

Der *T-Rex* hatte den stärksten Biss aller Landtiere, die je gelebt haben. Er konnte seine Beute mit bis zu 5.806 kg Druckkraft zerquetschen, eine erdrückende Last, die etwa gleich schwer wie das Körpergewicht eines ausgewachsenen *T-Rex* selbst war! Forscher fanden einen Teil eines T-Rex-Zahns, der im Rücken eines Hadrosaurus steckte. Autsch!

TÖDLICHSTE **ZÄHNE**

ALLOSAURUS

Dieser 8,5 m lange räuberische Killer-Dino lebte vor 150 Mio. Jahren in Nordamerika. Der *Allosaurus* hatte einen gewaltigen Kopf mit langen, sägeartigen Zähnen – scharf genug, um große Fleischstücke aus seiner Lieblingsbeute, den pflanzenfressenden Dinosauriern, herauszureißen. Paläontologen haben sogar in einer Nackenplatte eines *Stegosaurus* eine Bisswunde gefunden, die vermutlich von einem *Allosaurus* stammte!

TÖDLICHSTER **RAPTOR**

UTAHRAPTOR

Dieser gefährlich schnelle Jäger war etwa dreimal so lang wie ein Bett und höher als ein normaler Mann. Der ultra-tödliche *Utahraptor* war der größte aller Dromaeosaurier oder „Raptoren". Er jagte vor 125 Mio. Jahren Pflanzenfresser, und das mit unglaublichem Tempo, starkem Kiefer, scharfen Zähnen und 23 cm langen Klauen, mit denen er seine Beute zerfetzte, nachdem er sie eingeholt hatte.

TÖDLICHSTE **REISSZÄHNE**

MASIAKASAURUS

Der *Allosaurus* mag mit seinem Mörder-Gebiss wohl der Sieger in der Kategorie „tödlichste Zähne" sein, aber der *Masiakasaurus* hatte mega-gefährliche, aus seinem Maul ragende Reißzähne. Man glaubt, dass er vor 70 Millionen Jahren damit Echsen und Fische regelrecht aufgespießt hat.

DIE PLÄTZE 3 BIS …

Diese Dinos waren entschlossen, alles zu töten, was ihnen in den Weg trat!

TÖDLICHSTER **RIESENSPRINTER**

GIGANOTOSAURUS

Ein Leben auf der Überholspur! Einige Experten schätzen die Geschwindigkeit dieses 12,2 Meter langen Räubers der Kreidezeit bei der Beutejagd auf bis zu 48 km/h. Das wäre sogar noch schneller als das geschätzte Tempo des gleich großen, megagefährlichen T-Rex. Die Berechnung der Geschwindigkeit dieser Giganten ist jedoch sehr schwer, weil in der heutigen Zeit – zum Glück – keine vergleichbaren Zweibeiner mehr leben!

TÖDLICHSTE **ZEHEN**

DEINONYCHUS

Lust auf ein Splatter-Movie? Der Raptor *Deinonychus* (der Name bedeutet „schreckliche Klaue") hatte 12,7 cm lange Krallen an seinen Vorderzehen. Wahrscheinlich hat dieser wendige, schnelle Fleischfresser der Kreidezeit diese Krallen dazu benutzt, seine wehrlose Beute aufzuschlitzen und auszuweiden. Vielleicht hat er sie damit auch einfach nur auf den Boden gepresst. Aber wie blieben seine integrierten Fußmesserchen so scharf? Er konnte sie beim Laufen nach oben klappen, damit sie nicht über den Boden gezerrt wurden.

TÖDLICHSTER **SCHNÜFFLER**

SAURORNITHOLESTES

Mit weniger als 90 cm Höhe und 1,8 m Länge war dieser Dino im Vergleich zu anderen Raubtieren der Oberkreide eher klein, hatte aber einen speziellen Vorteil: er war ein hochentwickelter Schnüffler. Neben seiner Wendigkeit und Schnelligkeit hatte der *Saurornitholestes sullivani* einen superscharfen Geruchssinn, mit dem er äußerst effektiv seine potentielle Beute erschnüffeln konnte.

TÖDLICHSTER **BLATT HÄCKSLER**

GRYPOSAURUS

Hätten Pflanzen einen Verstand, dann wäre dieser tierische Super-Aktenvernichter der Schrecken aller Pflanzen gewesen! Ein fast unstillbarer Hunger auf Pflanzen war das Markenzeichen des *Gryposaurus*. Sein Kopf war 90 cm groß und er hatte 300 Zähne, mit denen er Büsche und sogar kleine Bäume verputzte.

FALLSTUDIE

IM DUTZEND TÖDLICHER

Mit sichelförmigen, einziehbaren Klauen, viel Tempo, Wendigkeit und einem im Vergleich zur Körpergröße großen Gehirn waren prähistorische Raptoren wie der *Deinonychus* oder *Utahraptor* äußerst effiziente Killermaschinen. Aber selbst für diese schrecklichen Jäger wäre es eine gefährliche Sache gewesen, die mitunter riesigen (und oft stacheligen und gepanzerten) Pflanzenfresser zu erlegen.

Einige Paläontologen glauben, dass Raptoren so erfolgreiche Jäger waren, weil sie wie die heutigen Wölfe oder Löwen im Rudel gejagt haben. Die Zähne des *Deinonychus* fand man in Skeletten von mehreren *Tenontosauriern* (Pflanzenfresser, die doppelt so groß wie der *Deinonychus* waren). An einer Fundstätte lag ein *Deinonychus* neben einem *Tenontosaurus*. In China gefundene *Deinonychus*-Spuren zeigen, dass die Tiere gemeinsam in dieselbe Richtung liefen und sich sogar gegenseitig auswichen, um nicht zusammenzustoßen. Daher nimmt man an, dass sie keine Konkurrenten waren, sondern zusammen gejagt haben.

Obwohl sich die Beweise für das Jagen im Rudel gehäuft hatten, dauerte es doch bis 2015, bis man in Utah einen Sandsteinblock fand, der den Forschern die ersehnte Gewissheit gab. Der Block enthielt wenigstens sechs Skelette von *Utahraptoren* und Teilstücke eines *Iguanodontiden*. Man vermutet, dass der Pflanzenfresser im Treibsand versank und mehrere *Utahraptoren* auf ihn losgingen. Oder vielleicht haben ihn die Raptoren auch in das Sumpfgebiet gejagt und alle kamen dort um. Wie auch immer, dieser eindrucksvolle Fund hat die These gestärkt, dass einige der bösartigsten Dinos sogar noch tödlicher werden konnten, indem Sie im Rudel gejagt haben.

VEGETARIER AUFGEPASST!

Diese Dinosaurier werden dringend verdächtigt, im Rudel gejagt zu haben.

DEINONYCHUS
ZULETZT GESEHEN: **110 MJ**

UTAHRAPTOR
ZULETZT GESEHEN: **125 MJ**

VELOCIRAPTOR
ZULETZT GESEHEN: **70 MJ**

YANGCHUANOSAURUS
ZULETZT GESEHEN: **160 MJ**

HIGHLIGHT

DINO-VERTEIDIGUNG

Man ist sich nicht sicher, ob Vegetarier-Dinos ihre erstaunlichen Eigenschaften zur Verteidigung nutzten, aber diese Pflanzenfresser hier hatten ein paar ziemlich fiese Gimmicks, die sie vielleicht als Raubtier-Defensive eingesetzt haben.

PANZER: GASTONIA

Der kratzbürstige *Gastonia* war mit einem dicken Schutzpanzer bedeckt. Zum Schutz vor tödlichen Raubtierbissen hatte er vier Hörner und dicke Knochenplatten auf dem Kopf, einige Reihen von Stacheln auf dem Rücken und einen Schwanz mit dreieckigen Panzerplatten.

STACHELN: KENTROSAURUS

Platz da! Dieser Cousin des *Stegosaurus* hatte die Stacheln paarweise entlang des Schwanzes, den er mit viel Wucht auf Gegner geschwungen hat. Man schätzt sogar, dass der *Kentrosaurus* mit seinem tückischen Schwanz Knochen zerschmettern konnte!

SCHWANZKEULE: **ANKYLOSAURUS**

Unbedingt meiden! Der *Ankylosaurus* besaß einen schweren, knorrigen Schwanz, mit dem er vielleicht seine Angreifer erschlagen konnte. Er hat den trägen Dino aus der Oberkreidezeit vielleicht nicht vor jedem blutrünstigen *T-Rex* beschützt, aber mit einem gewaltigen Schlag konnte er seinem Gegner wahrscheinlich mehr als nur ein paar Knochenbrüche beibringen.

SCHWANZPEITSCHE: **DIPLODOCUS**

Manche Forscher glauben, dass der lange Schwanz dieses 27-Meter-Giganten des späten Jura wie eine Peitsche eingesetzt werden konnte und blitzschnell mit einem Knall durch die Luft gesaust ist, welcher Gegner erschreckte und in die Flucht trieb.

HÖRNER: **TRICERATOPS**

Es gibt keinen Beweis, dass der *Triceratops* seine Hörner zum Kampf gegen blutrünstige Raubtiere der oberen Kreidezeit eingesetzt hat. Aber man glaubt, dass er Nackenschild und Hörner im Kampf gegen Angehörige seiner eigenen Spezies benutzt hat.

KRASS!

3-2-1

Was war der wahre Grund für das Aussterben der Dinosaurier? Lange Zeit dachte man, dass ein riesiger Asteroid vor 65 Millionen Jahren in die Erde geknallt ist und der einzige Grund für das große Dinosterben war. Der Einschlag setzte eine Reihe von Ereignissen in Gang, welche die meisten Land- und Seebewohner des Planeten ausgelöscht haben. Heute vermutet man, dass der Asteroid nicht alleine dafür verantwortlich war. Forscher haben Beweise gefunden, dass es bereits 250.000 Jahre vor dem Asteroidendesaster Vulkanausbrüche im heutigen West-Indien (die Gegend des sogenannten Dekkan-Trapp) gab, die in den letzten 50.000 Jahren vor dem großen Dinosterben dramatisch zunahm. Gewaltige Mengen Vulkanasche wurden in den Himmel geschleudert: Dies trug zur globalen Erwärmung bei, die Ozeane übersäuerten und sehr viele Beutetiere der großen Dinosaurier starben. Daher war der Asteroid für die Dinosaurier vielleicht nur der letzte Tropfen auf den heißen Stein. Die hundertausende von Jahren dauernde vulkanische Aktivität hatte bereits vorher extreme Schäden im Ökosystem angerichtet und war nur die Vorbereitung auf das ultimative Desaster.

BOOM

IST JA IRRE!

Über die Jahre wurden einige **total schräge Hypothesen** über den Grund für das Aussterben der Dinosaurier aufgestellt:

DINOSAURIER WURDEN **BLIND,** WEIL SIE ZU OFT **IN DIE SONNE GESTARRT** HABEN, UND FIELEN ÜBER DIE KLIPPEN IN DEN TOD.

RAUPEN FRASSEN SÄMTLICHE PFLANZEN UND LIESSEN DEN DINOS **NICHTS ZU ESSEN ÜBRIG.**

DINOSAURIER HATTEN **STARKE KARIES** UND KONNTEN AM ENDE IHRE NAHRUNG NICHT MEHR KAUEN.

IHRE **HIRNE** WURDEN **IMMER KLEINER** BIS SIE **ZU DUMM** WAREN, UM ZU ÜBERLEBEN.

GRAUSAMKEIT IM FERNEN OSTEN

Asiatische Pflanzenfresser haben vielleicht nichts mehr gefürchtet als den tödlichen *Yangchuanosaurus*, der fast so lang wie ein Bus war. Mit seinem gewaltigen Kopf und langen, messerscharfen Zähnen muss dieser Dino absolut furchterregend ausgesehen haben. Das Gleichgewicht hielt er mit seinem Schwanz, der die halbe Länge seines Körpers ausmachte. Der *Yangchuanosaurus* hatte muskelbepackte Beine, große Krallen an den Zehen und kurze Arme mit noch mehr Killerkrallen. Obwohl der *Yangchuanosaurus* örtliche Pflanzenfresser wie den gigantischen *Memenchisaurus* terrorisierte, standen auch zufällig gefundene tote Tiere auf seinem Speiseplan. Der *Yangchuanosaurus* bekam immer was er wollte – tod oder lebendig.

DIE ERSTEN **FOSSILIEN** DES SCHRECKLICHEN YANGCHUANOSAURUS WURDEN VON EINEM **BAUARBEITER** BEIM AUSHEBEN EINES DAMMES GEFUNDEN.

DER YANGCHUANOSAURUS WOG ETWA **1.800 KILOGRAMM**

TÖDLICH VS. TÖDLICHER

Welcher Dinosaurier des Mesozoikum war bedrohlicher?

Der *T-Rex* war ein tödlicher Räuber, doch der *Spinosaurus* mit seinem Rückensegel war viel schneller und jagte im Rudel. Außerdem jagte er seine Beute an Land und im Wasser (siehe Seite 68-69). Daher entscheidet bei uns der *Spinosaurus* diesen Kampf knapp für sich (obwohl uns manche Experten bestimmt widersprechen).

T. REX VS. SPINOSAURUS

ANKYLOSAURUS VS. CONCHORAPTOR

Obwohl der *Conchoraptor* ein Fleischfresser mit mächtigem Schnabel war, ist der *Ankylosaurus* unser Gewinner. Der Pflanzenfresser war um einiges größer und hatte mit seiner alles zerstörenden Schwanzkeule einen klaren Vorteil im Kampf gegen blutrünstige Fleischfresser.

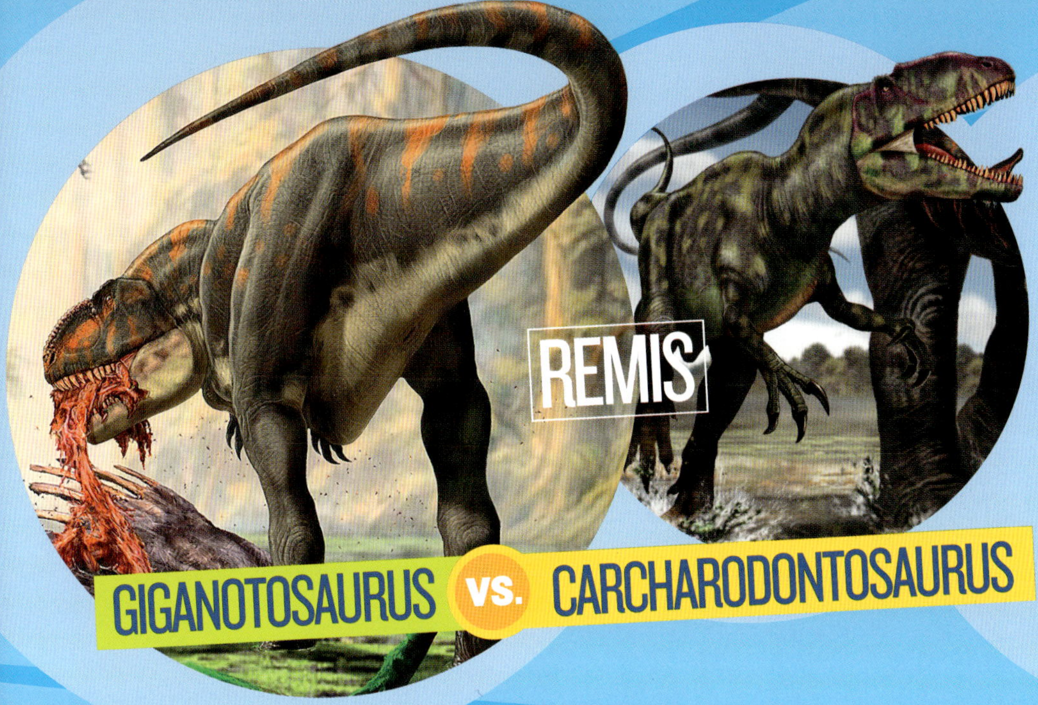

Die gezackten Zähne des *Carcharodontosaurus* konnten viele seiner Gegner in Angst und Schrecken versetzen, aber sein naher Verwandter *Giganotosaurus* hatte genauso fiese Beißer. Weil die beiden fast gleich groß und für ihre Beute vermutlich auch gleich bedrohlich waren, geht dieser Kampf unentschieden aus!

Deinonychus und *Carnotaurus* waren beide erfahrene Raubtiere mit exzellentem Sehvermögen – ein rieser Vorteil beim Auflauern der Beute. Aber mit seinen 7,6 m hätte der *Carnotaurus* den 3 m langen *Deinonychus* turmhoch überragt. Daher bekommt der *Carnotaurus* die Trophäe.

KILLERMASCHINEN UND IHRE SPEKTAKULÄREN MERKMALE

Sprinttempo des *Giganotosaurus*: **48 km/h**

=

Ungefähr so schnell wie ein **Hirsch**

Höhe des **Rückensegels** des *Spinosaurus*: 2,1 Meter

=

Größer als ein durchschnittlicher **Mann**

BEISSKRAFT DES KIEFERS EINES *T-REX*: **5.800 KILOGRAMM**

=

DREIMAL SOVIEL WIE BEI EINEM **GROSSEN WEISSEN HAI** (1.800 KG)

Länge der sichelförmigen Kralle des *Utahraptor*: **22,8 cm** = Mehr als doppelt so lang wie die Kralle eines **Tigers**: 10,2 cm

Länge des **Schwanzes** des *Diplodocus*: **13,7 Meter** = Ungefähr so lang wie ein **Grauwal**

Anzahl der Zähne des *Deinonychus*: **70** = Mehr als **doppelt so viele** wie beim Löwen **(30)**

SUPERLATIV HAIE

Perfektion braucht Zeit! Und Haie hatten jede Menge davon, um sich zu den super-effektiven Raubtieren zu entwickeln, die sie heute sind. Diese grimmigen Fische entwickelten sich bereits vor 455 - 420 Mio. Jahren, was bedeutet, dass sie die Weltmeere schon ein paar hundert Millionen Jahre vor dem Auftreten der ältesten uns bekannten Dinos durchschwommen haben. Die Vorfahren der heutigen Haie waren sogar früher da als Säugetiere, Amphibien und auch Insekten. Haie haben zahlreiche Katastrophen überlebt, einschließlich der Ereignisse vor 251 Millionen Jahren, bei denen 95 Prozent aller Spezies der Erde ausgelöscht wurden. Die großen Haie heutzutage (Bullenhai, Hammerhai und der berüchtigte Weiße Hai) sind als Top-Raubtiere bekannt, was bedeutet, dass sie an der Spitze der Meeresnahrungskette stehen. Dies hilft ihnen, das Ökosystem im Gleichgewicht zu halten. Und obwohl Haie in seltenen Fällen auch Menschen angegriffen haben, sind wir nicht ihre bevorzugte Beute. Ihr Mittagessen besteht eher aus Fischen und Meeressäugetieren – Gott sei Dank!

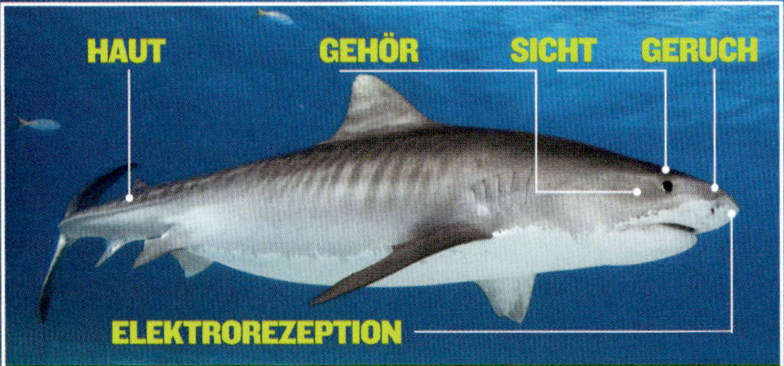

WAS MACHT HAIE ZU DERART EFFIZIENTEN RAUBTIEREN?

Elektrorezeption: Die empfindliche Schnauze eines Hais kann das elektrische Feld anderer – selbst ganz kleiner – Tiere unter Wasser erkennen.

Geruch: Manche Haie können ihre Beute aus einem Milliardstel „erschnüffeln". Das ist so viel wie ein Tropfen Wasser in einem olympischen Schwimmbecken.

Sicht: Haie haben – selbst im Dunkeln – ein relativ gutes Sehvermögen, weil ihre Pupillen sich weiten und verengen, um die eingelassene Lichtmenge zu verändern.

Gehör: Haie haben ein empfindliches Hörorgan und hören ihre Beute auch noch, wenn sie 2 Fußballfelder weit entfernt ist.

Haut: Winzige Zähnchen (Dentikel) bedecken die Haut des Hais und verringern den Widerstand beim Schwimmen.

GRUPPE: **FISCHE**

AKTUELL WO: **KÜSTENGEWÄSSER BIS ZUM OFFENEN OZEAN**

LEBENSRAUM: **OZEANE WELTWEIT**

ANZAHL LEBENDER ARTEN: **MEHR ALS 400**

WISSENSCHAFTLER ENTDECKTEN **HAIE,** DIE IM **INNEREN** EINES **UNTERWASSER-VULKANS** LEBTEN.

AUF EINEN BLICK

LIGHTNING CLAW

1 TÖDLICHSTER T-REX VORFAHRE

Zehn Millionen Jahre vor dem T-Rex war der *Daspletosaurus* der Raubtier-König der Nordamerikanischen Auen. Bissspuren in den Schädelfunden dieser 9 m langen und 3,3 Tonnen schweren Kolosse weisen auch auf Kämpfe untereinander hin; um Revier, Beute oder den Anspruch auf den Titel „Herrscher aller Dinosaurier".

2 TÖDLICHSTER DINO AUSTRALIENS

Der größte jemals in Australien gefundene Dino, „*Lightning Claw*" („Blitzkralle"; noch kein offizieller Name), lebte vor 110 Millionen Jahren. Sein Spitzname bezieht sich auf seinen Fundort Lightning Ridge in New South Wales und auf seine scharfen Krallen, die er wahrscheinlich wie Enterhaken zum Fangen seiner Beute benutzt hat.

3 TÖDLICHSTER SAUROPODEN-JÄGER

Versteinerte Fußspurenfunde weisen darauf hin, dass der 12,5 Meter lange Räuber *Acrocanthosaurus* (oder ein naher Verwandter) in der frühen Kreidezeit größere Dinosaurier gejagt hat, etwa die riesigen pflanzenfressenden Sauropoden. Er rannte neben seiner Beute her und stürzte sich dann auf sie. Schätzungen ergeben, dass der *Acrocanthosaurus* vermutlich bis zu 40 km/h schnell rennen konnte!

DASPLETOSAURUS

ACROCANTHOSAURUS

MAJUNGASAURUS

SARCOSUCHUS

4 TÖDLICHSTE SCHNAUZE

Der *Majungasaurus* war mit einer breiten, kurzen Schnauze ausgestattet, mit der er seine Beute durch Festhalten und Beißen überwältigte. Forscher haben an Majungasaurusknochen Bissspuren von anderen *Majungsauriern* entdeckt, die darauf hinweisen könnten, dass diese Raubtiere der späten Kreidezeit Kannibalen waren (sie fraßen ihre Artgenossen).

5 TÖDLICHSTER SEERÄUBER

Der *Kronosaurus* hat seinen Namen vom Gott Kronos aus der griechischen Mythologie. Der Kronosaurus war ein 10 Meter langes Meeresreptil der Kreidezeit. Vielleicht verschlang er beim Schwimmen mit offenem Maul Fische, Weichtiere und andere glücklose Tiere, die seinen Weg kreuzten.

6 TÖDLICHSTER PHOLIDOSAURUS

Der übergroße *Sarcosuchus* war ein urzeitliches krokodil-ähnliches Reptil der Gattung der Neosuchia. Er war etwa so lang wie ein Bus und doppelt so schwer wie ein Minivan. Der *Sarcosuchus* durchstreifte die Flüsse auf der Suche nach Fischen und anderer Beute, die er in seinem furchtbaren Rachen zerquetschte.

FABELHAFTER FUND

Ein australischer Viehzüchter stolperte 2015 beim Düngen über einen unglaublichen Knochenfund: der umfassendste Unterkiefer eines *Kronosaurus*, der jemals gefunden wurde. Dieser Jäger lebte vor 110 Millionen Jahren in australischen Gewässern. Der Unterkiefer war mehr als 1,6 Meter lang und stammte von einem Jungtier. Voll ausgewachsen wurde der Kiefer bis zu 2,6 Meter lang.

KRONOSAURUS

DIE MEISTEN **DINOSAURIER** WAREN **PFLANZENFRESSER.**

KOHLKOPF

Einige der tödlichsten Dinos gehören der Gruppe der *Coelurosaurier* an. Diese schnellen, erbitterten Raubtiere lebten im Mesozoikum. Neben der Jagd auf Pflanzenfresser haben sie auch Fleisch von bereits toten Tieren verspeist, wie es unsere heutigen Fleischfresser, wie Löwen und Hyänen, auch tun. Ob tot oder lebendig, *Coelurosaurier* waren auf jeden Fall strikte Fleischfresser. Oder etwa doch nicht? Bei der Untersuchung von versteinerten Resten von Kot, Magen und Zähnen haben Forscher entdeckt, dass viele *Coelurosaurier* auch ab und zu Gefallen an einem leckeren Salat fanden. Und noch seltsamer: Einige dieser nimmersatten Raubtiere haben ihre Fleischgelüste komplett über Bord geworfen und wurden zu Vegetariern! Mit der Zeit wurden ihre Zähne flacher und keilförmiger, viel nützlicher zum Zerreißen eines Busches als eines Beutetiers. Einige Arten verloren sogar fast alle Zähne und entwickelten stattdessen einen vogelartigen Schnabel. Andere hatten Steine im Magen, um die Pflanzen zu zermahlen. Nach wie vor ist es ein Rätsel, warum einige der fleischfressenden Dinos sich zu Vegetariern entwickelt haben. Eine Erklärung wäre, dass sie sich angepasst haben, um die Pflanzenvielfalt zu nutzen, die während der Kreidezeit neu entstand. Vielleicht werden wir nie herausfinden, warum sie ihre Fleischgelüste aufgaben, während andere wie der *T-Rex* oder *Velociraptor* überzeugte Vollzeitraubtiere blieben. Soviel zur Grünen Initiative ...

SPASS UND SPIELE

TÖDLICHE DINOS QUIZ

Wieviel hast du über tödliche Dinos in diesem Kapitel gelernt? Sind diese Aussagen richtig oder falsch?

1

T. REX hatte die größte Bissstärke aller Landtiere, die jemals auf der Erde lebten.

2

DEINONYCHUS hielt seine 12,7 cm langen Krallen scharf, indem er sie an prähistorischen Kiefern kratzte.

3

DIPLODOCUS hat mit dem Knallen seines peitschenartigen Schwanzes Angreifer verschreckt.

4

ACROCANTHOSAURUS war ein einsamer Jäger, der sich an seine Beute langsam heranschlich.

5

GIGANOTOSAURUS
war der größte Dino, der jemals gelebt hat.

6

SPINOSAURUS
war länger als der T-Rex.

7

TRICERATOPS
kämpfte mit seinen Hörnern gegen andere *Triceratops*.

UTAHRAPTOR
Spitze Vorderzähne, um die Beute aufzuspießen.

8

9

ALLOSAURUS
Man fand Bissspuren in Nackenknochen des Pterodactyl.

10

SAURORNITHOLESTES
Seine geheime Jagdwaffe war seine wirksame Nase.

LÖSUNG
1: T; 2: F;
3: T; 4: F;
5: F; 6: T;
7: T; 8: F;
9: F; 10: T

ALLE DINOSAURIER, OB GROSS, KLEIN, GEPANZERT, PLATTIERT GEFEDERT, ODER, ODER, ODER ... SIND AUF IHRE ART ETWAS SELTSAM.

Bei den Dinos in diesem Kapitel wirst du dir des Öfteren ungläubig die Augen reiben. Mal sehen, ob du mit unserer schrägen Auswahl übereinstimmst. Auf den nächsten Seiten findest du die seltsamsten Dinos, die du je gesehen hast!

QIANZHOUSAURUS

UND DER SIEGER IST...

Der Gewinner in der Kategorie „Seltsamster Dino“ hat seinen Titel wohl verdient – selbst seine Entdeckung war äußerst seltsam. 1965 fanden Fossiliensammler in der Wüste Gobi ein Paar 2,4 m lange Arme mit 20 cm langen Klauen. Aber welches Tier sollte das sein? Man konnte nur rätseln. Fast 50 Jahre später hatten Forscher genügend andere Knochen des *Deinocheirus mirificus* („ungewöhnliche schreckliche Hand“) gefunden, um sich endlich ein Bild des unheimlichen Tieres machen zu können.

Der *Deinocheirus* lief aufrecht auf zwei Beinen und war riesig wie der T-Rex. Dennoch sah es so aus, dass er eine ganze Ecke weniger furchterregend auf die Tiere der späten Kreidezeit wirkte. Vielleicht waren es die eigenartigen Proportionen: Der lange, spitze Kopf; der zahnlose Entenschnabel; die schlaksigen Arme (die längsten bekannten Arme eines Zweibeiners); der dicke Bauch; der segelgleiche Buckel auf dem Rücken. Was für ein skurriles Wesen!

DEINOCHEIRUS

AUF DEM 2. PLATZ...

Dinos, die jeder Vorstellung widersprechen.

DER MYSTERIÖSE **DÄUMLING**

IGUANODON

Cooler Daumen! Forscher sind sich nicht so sicher, warum der *Iguanodon* spitze Daumen hatte, aber einige glauben, dass dieser haushohe Pflanzenfresser der frühen Kreidezeit seine Daumen zur Nahverteidigung gegen Raubtiere benutzte, oder im Kampf mit anderen *Iguanodons*. Aber vielleicht ja auch zum Früchte aufbrechen.

DIE KOLOSSALE **KRALLE**

THERIZINOSAURUS

Die ca. 90 cm langen Klauen des *Therizinosaurus* sind definitiv die längsten uns bekannten Tierkrallen. Sie sehen aus, als hätten sie Hackfleisch aus potentieller Beute gemacht. Tatsächlich jedoch war der *Therizinosaurus* ein Pflanzenfresser in der Mongolei der Kreidezeit, der mit seinen Krallen wahrscheinlich Äste zu sich herunterzog, um zu schlemmen. Der schwere Fünftonner-Dino hat seine Klauen ziemlich sicher auch zur Verteidigung gegen Raubtiere eingesetzt.

DER DRACULA-**DINO**

PEGOMASTAX

Ein Schnabel wie ein Papagei, die Zähne eines Vampirs und Kiele wie ein Stachelschwein. Mann, das ist mal wirklich schräg. Dieser zweibeinige Pflanzenfresser lebte im Jura vor 200 Mio. Jahren und war etwa 60 cm klein. Daher war er wohl nicht schwerer als eine Katze. Der *Pegomastax* hatte schaurig aussehende Beißer, die er aber wahrscheinlich nur zum Öffnen von Nüssen oder Kernen benutzt hat.

DER UR-**GROSSVOGEL**

GIGANTORAPTOR

Gefedert, zahnlos und turmhoch: der *Gigantoraptor* ist der größte jemals gefundene Oviraptorosaurier. Er war (an seiner Schulter) zweimal so hoch wie ein Mensch und wog 1.400 kg. Trotz seines seltsamen, übergroßen Aussehens war der *Gigantoraptor* vermutlich kein Raubtier. Der 8 Meter lange Dino sah wie ein Riesenhuhn aus und fraß überwiegend Pflanzen, auch wenn zwischenrein schon mal ein kleineres Tier mitverschluckt wurde.

DIE PLÄTZE 3 BIS...

Bei diesen Dinos wirst du bestimmt zweimal hinsehen!

DIE SELTSAME **KRONE**

REGALICERATOPS PETERHEWSI

Der *Regaliceratops* gehört einer Gruppe gehörnter Dinosaurier an, den *Chasmosauriern*, welche normalerweise kleine Nasenhörner, aber große Augenhörner haben und einen schildgleichen Kragen am Kopf tragen. Der *Regaliceratops* jedoch sieht aus, als ob er zur Gruppe der Centrosaurier gehört hätte: kleine Augenhörner, große Nasenhörner und eine kunstvolle Krone mit knöchernen Spitzen um seinen Hinterkopf. Seltsam nur, dass der *Regaliceratops* zwei Mio. Jahre nach dem Aussterben der Centrosaurier gelebt hat.

DER PINOCCHIO **DINO**

QIANZHOUSAURUS

Aufgrund seiner dünnen, langen Nase bekam der *Qianzhousaurus* den Spitznamen „Pinocchio Rex". Der 66 Millionen Jahre alte Fleischfresser war kleiner als sein Bruder, der *T-Rex*, dessen Schnauze kürzer und muskulöser war. Der lange Kiefer des *Qianzhousaurus* war schwächer als der seines tyrannischen Bruders, daher jagte er wohl eher kleinere Beutetiere.

DER DUBIOSE **VEGETARIER**

CHILESAURUS

Theropoden waren Fleischfresser (wie die *Tyrannosaurier*), die ihre Beute jagten und in Stücke rissen. Aber der *Chilesaurus diegosuarezi* war anders als seine Brüder: Er hatte einen kleinen Kopf, dünnen Hals, einen hornartigen Schnabel und flache Zähne, die ideal zum Fressen von Pflanzen waren. Dieser coole Querdenker wurde nach dem 7-jährigen Diego Suarez benannt, der die Knochen dieses Dinos bei einer Wanderung mit seinen Eltern in Chile fand (siehe Seite 46-47).

DAS VERRÜCKTE **HUHN**

ANZU WYLIEI

Der *Anzu* hatte Federn an den Oberarmen, einen hohen Knochenkamm, einen vogelähnlichen Schnabel und einen echsenartigen Schwanz. Seinen Kiefer konnte der *Anzu* vor und zurückschieben , um Pflanzen oder Kleintiere aufzureißen. Forscher gaben ihm den Spitznamen „Huhn aus der Hölle", weil seine Knochen in der Hell-Creek-Formation im Nordwesten der USA gefunden wurden.

FALLSTUDIE

MAUER-LÄUFER

Dinosaurier waren eigentlich die Superhelden des Mesozoikum, aber konnten sie auch klettern? Man könnte es fast glauben, wenn man sich in Bolivien eine der zahlreichsten jemals entdeckten Dino-Spuren ansieht. 1994 fand man über 5.000 Fußspuren von mindestens 6 verschiedenen Arten. Das wirklich Komische daran ist, dass alle Spuren an der Seite einer Kalksteinklippe gefunden wurden, die wie eine riesige Felsmauer fast senkrecht nach oben ragt, fast als ob die Dinos Mauerkletterer gewesen wären! Die Auflösung ist ein kleiner Trick von Mutter Natur – Dinos konnten nicht klettern. Aber wie ging das dann? Ganz einfach, die heute fast senkrechte Felsmauer war im späten Kreidezeitalter, als diese Spuren entstanden sind, der Boden eines seichten Sees. Im Laufe der Zeit bewegten sich die tektonischen Erdplatten und schoben sich übereinander. Wenn zwei Platten zusammenkrachen, verbiegt und faltet sich das Gestein, so dass Gebirge entstehen und, in unserem Fall, eben eine fast senkrechte Felsmauer aus dem ehemaligen Seegrund, so dass diese prähistorischen Spuren heute fast senkrecht verlaufen.

KONTINENTALE KOLLISION

Die heutige Bergkette der Anden, eine der längsten Gebirgszüge der Erde, mit Gipfeln von bis zu 6.700 Metern, war früher flaches, warmes und feuchtes Land. Dieser gewaltige Gebirgszug ist durch dieselbe Plattenverschiebung entstanden wie die große Dino-Mauer in Bolivien.
Die Entstehung der Anden ist schon ewig her, aber die Platten darunter sind immer noch in Bewegung. Selbst jetzt gibt es in dieser Gegend viele Vulkane und Erdbeben, die durch das Zusammenstoßen zweier großer Kontinentalplatten entstehen. Dies führt zu Rissen, durch die Vulkangase ausbrechen, und Bruchlinien, welche Erdbeben verursachen. Auch wenn das Zeitalter der Dinosaurier lange vorbei ist, so sind diese Erdbewegungen, die unseren Planeten verändern, immer noch im Gange.

DINO-SPUREN IN DEN ANDEN IN CHILE

SPUREN BEI CAL ORCKO BEI SUCRE, BOLIVIEN

HIGHLIGHT

GRUSELIGE SEEMONSTER

Als Dinosaurier das Festland dominierten, waren andere, äußerst unheimliche Reptilien die Könige der Meere.

NAME: *Albertonectes*
WANN: Vor 83-71 Millionen Jahren
LÄNGE: 11 Meter **NAHRUNG:** Fische, Tintenfische

Eine halsbrecherische Bekanntschaft! Der riesige Plesiosaurier *Albertonectes* war so groß wie ein Schulbus und hatte einen Hals, der länger war als sein restlicher Körper. Er hatte mehr Halswirbelknochen (76) als jedes andere uns bekannte Tier. Mit seinen langen Flossen schlich er durchs Meer und vertilgte Tintenfische, Fische und andere Beute.

NAME: *Liopleurodon*
WANN: Vor 165–150 Millionen Jahren
LÄNGE: Mindestens 7 Meter
NAHRUNG: Fische, große Tintenfische, Meersreptilien

Die Pliosaurier sahen mit ihren kurzen Hälsen und riesigen Köpfen ganz anders aus als ihre Verwandten, die Plesiosaurier, die lange Hälse und kleine Köpfe hatten. Die schnellen Pliosaurier konnten mit ihrem großen Rachen und spitzen Zähnen ihre Beute viel besser überfallen.

NAME: *Ophthalmosaurus*
WANN: Vor 165–150 Millionen Jahren
LÄNGE: 4,9 Meter
NAHRUNG: Weichtiere, Tintenfische, Fische

Der *Ophthalmosaurus* hatte die größten Augen (im Vergleich zur Körpergröße) aller Tiere, die jemals gelebt haben. Ein Auge hatte den Durchmesser eines Fußballs! Der schlanke Ichthyosaurier wog 950 kg und konnte wahrscheinlich sehr gut sehen und in tiefen, dunklen Gewässern jagen, wo er Fische, Tintenfische und andere Meerestiere aufschnappte.

NAME: *Mosasaurus*
WANN: Vor 70–65 Millionen Jahren
LÄNGE: 15 Meter
NAHRUNG: Fische, Meersfrüchte, Tintenfische

Der *Mosasaurus* war ein riesiges, wildes Raubtier und ein naher Verwandter zu den heutigen Schlangen und Eidechsen. Der krokodilähnliche Fleischfresser steuerte mit seinem langen, starken Schwanz und vier Flossen durch die Ozeane der späten Kreidezeit. Forscher glauben, dass der *Mosasaurus* kein ausdauernder Schwimmer war, aber mit plötzlichen schnellen Angriffen seine Beute überraschen und erlegen konnte.

KRASS!

KRIEG DER KNOCHEN

Othniel Charles Marsh und Edward Drinker Cope waren zwei der erfolgreichsten Fossiliensammler, deren „Kampfgeist" etwas ... eigenartig war. Was als kollegiale Rivalität zwischen zwei Paläontologen des 19. Jahrhunderts begann, wurde zur heftigen Fehde, bei der jeder den anderen übertreffen wollte.
Beide trieben ein schmutziges Spiel: Marsh bezahlte Spione, um über Copes Aktivitäten auf dem Laufenden zu bleiben. Cope beschuldigte seinen Kollegen öffentlich, staatliche Mittel zu missbrauchen. Einmal bestach Marsh Arbeiter von Copes Fundstätte, damit sie ihm und nicht Cope die Funde schickten. Bei einer anderen Gelegenheit schrieb Cope in einem Fachblatt über einen riesigen Plesiosaurier, den er *Elasmosaurus* nannte. Aber in seiner übereilten Veröffentlichung machte er einen großen Fehler: Er platzierte den Schädel auf der falsche Seite des Skeletts. Marsh machte aus dem „in die Hose gefallenen Kopf" seines Rivalen eine große Sache und demütigte ihn aufs Schlimmste, was ihre gegenseitige Abneigung nur noch verschlimmerte.
Dieser Streit, der als „Krieg der Knochen" bekannt wurde, hinterließ bei beiden Männern persönlich und beruflich großen Schaden. Viele ihrer Arbeiten mussten später von anderen Paläontologen wiederholt werden. Aber eines kam zumindest bei ihrer Besessenheit heraus: eine gewaltige Menge an Knochenfunden.

WAHR ODER FALSCH?

Der *Brontosaurus* ist ja allseits bekannt. Aber hast du folgendes schon gewusst? Lange Zeit hatte das American Museum of Natural History in New York ein *Apatosaurus*-Skelett mit dem Kopf eines *Camarasurus* ausgestellt. Als dann ein richtig zusammengesetzter *Apatosaurus* auftauchte, dachte Marsh, dass dies ein neuer Dino sei und nannte ihn *Brontosaurus*. So wurde dieses falsch bezeichnete Skelett seit über hundert Jahren zu einem der berühmtesten Dinosaurer! Oder etwa nicht? Die ohnehin abstruse Geschichte nahm nochmals eine Wendung, da Forscher heutzutage glauben, dass Marsh vielleicht die ganze Zeit über Recht hatte. Eine aktuelle Studie stieß auf mindestens sieben Unterschiede zwischen dem *Apatosaurus* und dem *Brontosaurus*, vielleicht genug, um den *Brontosaurus* als eigene Spezies zu qualifizieren und Marshs Ruf wiederherzustellen.

BEVOR SIE **ZU ERBITTERTEN RIVALEN WURDEN,** BENANNTEN MARSH UND COPE JE EINEN DINOSAURIERFUND NACH DEM JEWEILS ANDEREN.

COPE AN SEINEM ARBEITSTISCH UM 1890

RUSSELLS DINOSAUROID HAT **KEINE ZÄHNE,** ABER EINEN NABEL.

TROODON

DINOSAUROID: VERDÄCHTIG MENSCHLICH

Vögel entwickelten sich aus einer Gruppe von Dinosauriern, den *Theropoden*. Die „vogelartigen Dinosaurier" überlebten bis in die heutige Zeit, aber der Rest, die „nichtvogelartigen Dinosaurier", nicht. Aber was wäre wenn doch? Forscher denken manchmal darüber nach, wie diese Urtiere wohl heute aussehen würden. Einer von ihnen, der Kurator des naturwissenschaftlichen nationalen Museums von Kanada Dale Russell, ging sogar soweit, dass er ein lebensgroßes Modell eines *Troodon* aus der Spätkreidezeit baute, wie er seiner Meinung nach aussehen könnte, wenn er bis heute überlebt und sich weiterentwickelt hätte.

Russells Fantasiewesen, das er *Dinosauroid* nannte, ginge aufrecht, hätte große, nach vorn gerichtete Augen (wie der Mensch) und drei menschenähnliche Finger an jeder Hand. Auch sprechen könne der *Dinosauroid*, was sich ungefähr wie Vogelgesang anhören würde. Genauso wie viele Fantasiezeichnungen von hypothetischen Außerirdischen war Russells Geschöpf stark von der menschlichen Form beeinflusst. Hätten sich menschenähnliche Dinos tatsächlich weiterentwickelt? Die meisten Experten glauben das nicht. Intelligente Dinos hätten sich anstatt dessen wohl eher in – nun ja – Dinos entwickelt, mit horizontaler Haltung und langem Schwanz. Oder sie wären etwas völlig anderes geworden. Niemand weiß wirklich, wie der *Troodon* aussehen würde, hätte er sich weiterentwickelt, aber solche Gedankenspiele machen eben Spaß!

VIELE JAHRE, NACHDEM ER SEIN MODELL VORGESTELLT HATTE, SCHRIEB RUSSEL IN EINEM BUCH, DASS **DER DINOSAUROID WIKRLICH EINE REKONSTRUKTION EINES ECHTEN DINOSAURIERS SEI.**

Der Wettbewerb der seltsamen Dinos ist besonders schwierig. Stimmst du unserer Auswahl der Gewinner zu?

KAMPF DER SONDERLINGE

SIEGER

NIGERSAURUS vs. OPHTHALMOSAURUS

SELTSAMSTES GESICHT

Der *Ophthalmosaurus* reißt die Augen soweit auf, als hätte er einen Geist gesehen. Aber den eigenartigen Mund des *Nigersaurus* kann man nicht ignorieren, mit der flachen Schnauze, die mit über 500 Zähnen perfekt zum Rasenmähen geeignet ist. Klarer Sieger!

GIGANTORAPTOR vs. TYLOSAURUS

SIEGER

SELTSAMSTE ANGEWOHNHEIT

Der *Gigantoraptor* stammt von Raubtieren ab, wird aber heute eher als Pflanzenfresser angesehen. Der *Tylosaurus* verschlang ganze Haie auf einmal. Riesenfische zu verputzen ist definitiv ungewöhnlich, aber ein Raptor, der kein Fleisch isst, das ist mehr als schräg – ein klarer Sieg für den *Gigantoraptor*.

ANZU VS. PEGOMASTAX

SELTSAMSTE KOMBINATION VON MERKMALEN

Der *Pegomastax* hat das volle Programm: Schnabel, Reißzähne und eine Mähne mit aufgestellten, stacheligen Kielen. Aber was kommt heraus, wenn du ein Huhn mit einer Eidechse kreuzt? Der Sieger in diesem Wettkampf: Der sonderbare *Anzu* sieht fast so aus wie ein schlecht gelauntes Riesenhuhn.

SELTSAMSTER NAME

Der Name *Gasosaurus* ist ja ziemlich schrill, aber er bezwang seine Beute nicht durch üble Gerüche wie ein Stinktier. Seinen Namen hat er, weil seine Fossilien in einer alten Gasfabrik in China gefunden wurden. Noch witziger ist der *Bambiraptor*. Obwohl sein Name „Bambidieb" bedeutet, war er ein grimmiger Fleischfresser, der Bambi hieß. Schräger geht's nicht! mehr!.

GASOSAURUS VS. BAMBIRAPTOR

ZAHLEN & FAKTEN

WIE LANGE WAR DAS DENN HER?

Es ist schon unglaublich, wie lange es her ist, dass Dinosaurier auf der Erde lebten. So lange, dass man es sich nur schwer vorstellen kann. Hier siehst du, wann sie gelebt haben und wieviel Zeit zwischen einigen wichtigen Auftritten verstrichen ist.

VOR 200.000 JAHREN

HOMO SAPIENS

VOR 5 MILLIONEN JAHREN

MAMMUT

VOR 65 MILLIONEN JAHREN (SPÄTE KREIDEZEIT)

TYRANNOSAURUS REX

VOR 125 MILLIONEN JAHREN (FRÜHE KREIDEZEIT)

IGUANODON

EORAPTOR
VOR 228 MILLIONEN JAHREN (SPÄTES TRIAS)
MEGALOSAURUS
VOR 210 MILLIONEN JAHREN (SPÄTES TRIAS)
STEGOSAURUS
VOR 166 MILLIONEN JAHREN (MITTLERES JURA)
VOR 159 MILLIONEN JAHREN (SPÄTES JURA)
COELOPHYSIS

BLICK NACH VORN

PLATYPUS SPUR

RÄTSELHAFTES SCHNABELTIER

Als englische Forscher im späten 18. Jahrhundert zum ersten Mal ein *Schnabeltier* entdeckten, meinten einige, es handle sich dabei um einen Schwindel. Kann man ihnen nicht übelnehmen! Das *Schnabeltier* ist eines der seltsamsten Tiere überhaupt – ein Kuddelmuddel im Aussehen wie im Verhalten. Seine Spezies hat sich vor 150 Millionen Jahren von den anderen Säugetieren getrennt. Das ur-australische Tier hat einen Schnabel und Schwimmfüße wie eine Ente, einen breiten, flachen Schwanz wie ein Biber und einen dicken, pelzigen Körper wie ein Otter. Es sucht in seichten Gewässern nach Futter: Insekten, Krebse und Würmer, die es in seinen „Backentaschen" ablegt, bis es wieder auftaucht, um sie zu fressen. Und während Säugetiere fast immer ihre Jungen lebend zur Welt bringen, ist das *Schnabeltier* eines von zwei eierlegenden Säugetier-Arten (das andere ist der Ameisenigel).
Und das i-Tüpfelchen: alle Männchen dieser Spezies sind giftig! Das *Schnabeltier* kann mit den spitzen, scharfen Sporen auf seinen Hinterbeinen dem Gegner einen giftigen Schlag versetzen und sich so gegen Feinde wehren oder die Konkurrenz beim Kampf um Weibchen verscheuchen. Obwohl es richtig schmerzhaft ist, von einem *Schnabeltier* „angestachelt" zu werden, wird das Gift nicht als für den Menschen lebensbedrohlich angesehen.

ART: **ORNITHORHYNCHUS ANATINUS**

GRUPPE: **SÄUGETIER**

AKTUELL WO: **VOM OSTEN AUSTRALIENS BIS NACH TASMANIEN**

LEBENSRAUM: **AN FLÜSSEN, STRÖMEN UND SEEN**

EIN SCHNABELTIER SPEICHERT **KÖRPERFETT** IN SEINEM SCHWANZ, FALLS **NAHRUNG** MAL **KNAPP** WERDEN SOLLTE.

AUSTRALIER SIND SO GROSSE FANS DES **SCHNABELTIERS**, DASS SIE DIESES **EIGENWILLIGE SÄUGETIER** AUF IHRE **20-CENT-MÜNZE** GEPRÄGT HABEN.

AUF EINEN BLICK

MAMENCHISAURUS

1 SELTSAMSTE HÖRNER

Die *Ceratopsia* – vierbeinige Pflanzenfresser mit Hörnern und Nackenschild – sind wie gemacht für diese Kategorie, doch der *Xenoceratops* ist eindeutig unser Sieger. Obwohl „Xeno" die Bedeutung „Alien" hat, wurde dieser Kanadier nicht wegen seines Aussehens so genannt. Der Name ist ein Hinweis auf seinen Fundort, an dem nur ganz wenige gehörnte Dinosaurier entdeckt wurden.

2 SELTSAMSTER HALS

Der 25 m lange *Mamenchisaurus* hatte einen Hals halb so lang wie sein Körper. Der Sauropode des späten Jura konnte seinen langen Hals von einer Seite zur anderen schwingen und so in einem weiten „Einzugsgebiet" sein Futter erreichen, ohne auch nur einen Schritt zu machen.

3 SELTSAMSTE KOPFFORM

Die 500 Zähne und das breite, flache Maul des *Nigersaurus* waren genau richtig, um Bodenpflanzen einfach aufzuschaufeln und zu zerstückeln. Die Beißerchen waren wie ein Kamm um den ganzen Rand des Mauls angeordnet, so dass dieser Teil noch breiter war als der restliche Kopf.

XENOCERATOPS

NIGERSAURUS

PSITTACOSAURUS

BEELZEBUFO

4 SELTSAMSTER SNACK

Eigentlich können Paläontologen aus den Knochenfunden bestimmen, ob ein Dino ein Pflanzen- oder Fleischfresser war. Aber der Schädel dieses Dinos mit Papageischnabel weist zusammen mit einigen gefundenen Magensteinen darauf hin, dass der *Psittacosaurus* auch Samen und Nüsse gefressen hat, was der erste Beweis für einen Nüsse fressenden Dino ist.

5 SELTSAMSTE AMPHIBIE

Der *Beelzebufo* wog etwa 4,5 kg und war in etwa so groß wie ein Wasserball. Die ungewöhnlich große Amphibie, deren Name „Teufelskröte" bedeutet, lebte in der späten Kreidezeit auf der Insel Madagaskar und wäre groß genug gewesen, um frisch geschlüpfte Dino-Babys fressen zu können. Quaaak!

6 SELTSAMSTER ZAHNSCHNABEL

Manche Pterosaurier hatten gar keine Zähne, während andere mit ihren scharfen Zähnen die Beute aufspießen konnten. Der vor 100 Millionen Jahren in Argentinien lebende *Pterodaustro* hatte 1.000 Zähne in seinem langen, spitzen Schnabel. Man glaubt, dass er kleine Krebse aus dem Wasser geschöpft und regelrecht „püriert" hat!

MEGA MAMPFER

Das Maul des *Nigersaurus* wurde schon mit Staubsaugern oder Rasenmähern verglichen. Seine Art, vom Boden zu fressen, gleicht der einer Kuh. Jeder seiner eng anliegenden Zähne hatte die Größe eines Milchzahns. Forscher fanden bei einer Computertomografie (ein spezielles Röntgenbild) eines Nigersaurus-Schädels heraus, dass hinter jedem einzelnen Zahn neun Ersatzzähne aufgereiht waren!

PTERODAUSTRO

KNOCHIGER IRRSINN

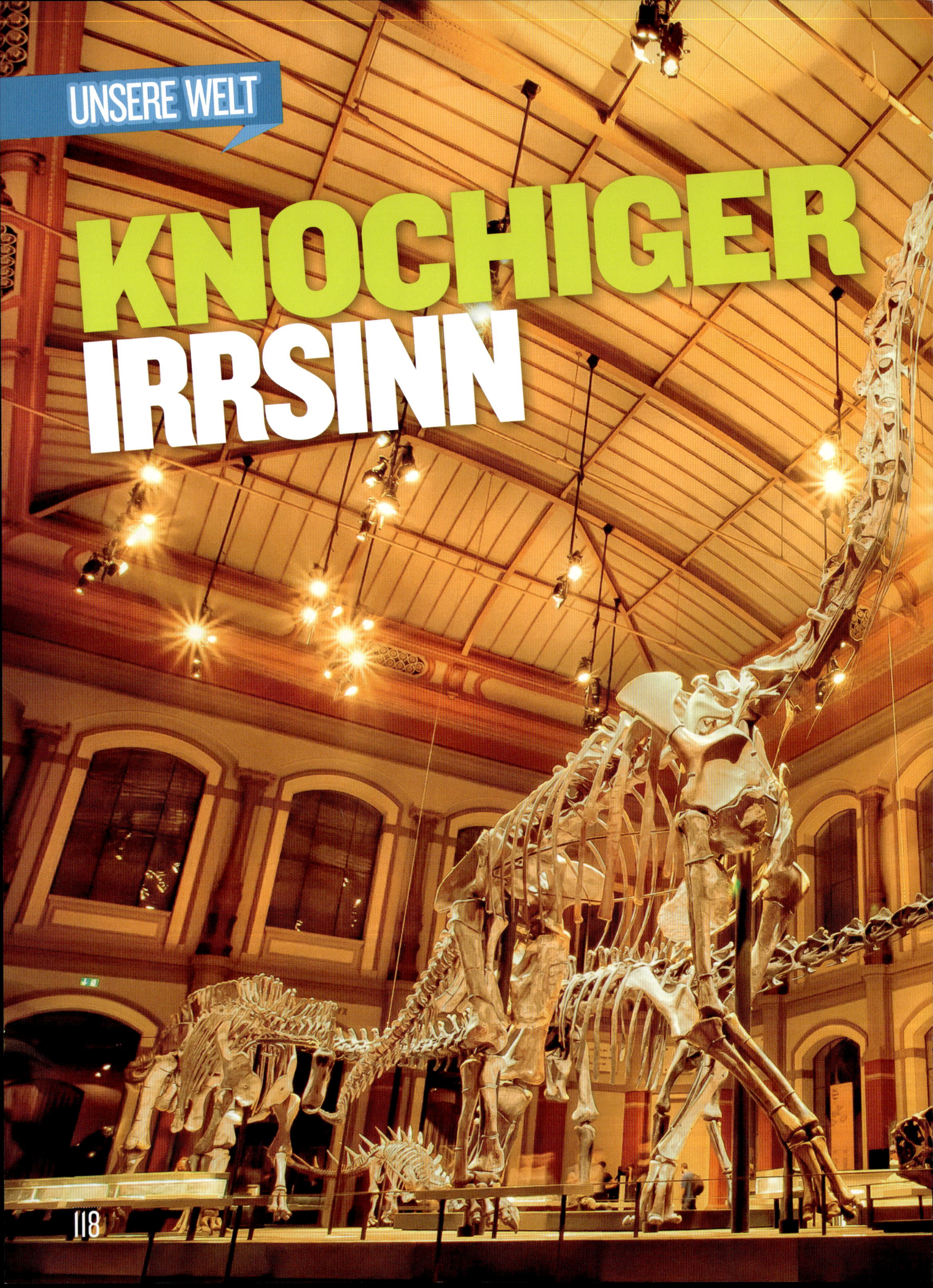

BRACHIOSAURUS-SKELETT, BERLIN

Paläontologen sind ohne Zweifel superschlau, aber keiner ist perfekt. Über die Jahre wurden auch viele Fehler gemacht. Aber so geht das mit der Wissenschaft: Man vermutet etwas, dann wird getestet um zu sehen, ob man Recht hat und andere überprüfen den Test. Mit der Zeit werden immer mehr Fehler aus der Hypothese getilgt und man kommt der Wahrheit näher und näher. Einige dieser Fehler, die Wissenschaftler bei ihren Forschungen über Dinos gemacht haben, sind besonders kurios. Hier sind ein paar der seltsamsten:

Zwei Gehirne?: Man glaubte früher, dass der Knoten auf dem Hinterteil des *Stegosaurus* ein zweites Gehirn sei (siehe S. 61)! Heute wird vermutet, dass es ein Speicher für zusätzliche Nährstoffe war.

Tauchender Dino: Paläontologen haben im 19. Jahrhundert noch geglaubt, dass der *Brachiosaurus* unter Wasser gelebt und seinen langen Hals als Schnorchel zum Atmen benutzt hat. Später fand man heraus, dass der Gigant auf dem (bevorzugt flachen) Festland gelebt hat.

Daumen hoch (oder nicht): Als Gideon Mantell den *Iguanodon* entdeckte, setzte er die Daumenspitze de Dinos auf dessen Kopf.

Dino-Schwindel: Die Wissenschaft wurde 1999 kurzzeitig getäuscht, als ein chinesischer Bauer die Skelette des Vorderteils eines Urvogels mit dem Hinterteil eines *Dromaeosauriers* kombinierte und diesen „*Archaeoraptor*" als „fehlende Verbindung" zwischen Dinos und Vögeln bezeichnete. Seither wurden viele echte Fossilien vogelartiger Dinos gefunden.

EINE STUDIE FAND HERAUS, DASS **48 PROZENT** DER NEU GEMACHTEN **DINOSAURIER-ENTDECKUNGEN** ZWISCHEN 1850 UND 1980 **FALSCH BEZEICHNET** WURDEN.

RÄTSEL-SPASS!

Q: Eine Kreuzung von einem **Schwein** und **einem Dino?**

A: Jurassic PORK

Q: Warum kannst du **den Pterosaurus** nicht hören?

A: Weil sein P stumm ist.

Q: Was passiert, wenn **zwei Dinos** ihre Autos umbauen?

A: Tyrannosaurus FLEX

Q: Wie heißt ein **beleidigter Dino?**

A: DinoSAUER

Q: Wie heißt ein **höfliches prähistorisches Tier?**

A: Ein PLEASE-io-saurus

Q: Welchen Dino gab es **in dreifacher Ausführung?**

A: TRI-ceratops

Q: Wie nennt man einen Dinosaurier, der **Blähungen** hat?

A: Gasosaurus

Q: Wer war der **schnellste Dino?**

A: PRONTO-saurus

Q: Wen ruft ein Dinosaurier, wenn er **Hilfe braucht?**

A: Die Tricera-COPS

KAPITEL 5

DINOSAURIER SIND EINIGE DER FASZINIERENDSTEN TIERE, DIE JEMALS GELEBT HABEN.

Dinos sind aus so vielen Gründen cool, dass „normale“ Rekorde ihnen einfach nicht gerecht werden. Aus diesem Grund haben wir uns einige neue Titel einfallen lassen – extra für die Dinos! Auf den nächsten Seiten lernst du einige dieser mehr als faszinierenden Tiere kennen.

CRYOLOPHOSAURUS

DER BERÜHMTESTE DINOSAURIER

TYRANNOSAURUS REX

Der *T-Rex* hat vielleicht nicht den Titel des „größten" oder „tödlichsten" Dinos gewonnen, aber es wahr wohl klar, dass dieser gigantische Fleischfresser hier doch noch zum Sieger gekürt wird. Der schwergewichtige Jäger/Aasfresser ist zweifelsohne der berühmteste aller Dinosaurier. Er war der Star in vielen Filmen, meist dargestellt als grimmiges, blindwütiges und gnadenloses Raubtier (und als Menschenjäger, obwohl der T-Rex schon 60 Millionen Jahre vor dem ersten Auftreten der Menschen ausgestorben ist). Sein furchtbares und legendär kräftiges Maul hatte 60 gezackte Zähne, die ideal zum Knochenbrechen und Zerfetzen seiner Beute waren. Und einmal hat er auch in einen Rückspiegel gelächelt ...

ART: TYRANNOSAURIER
NAHRUNG: FLEISCH
WANN: 68 BIS 65 MJ
LÄNGE: 12,5 METER
GEWICHT: 6.000 KILOGRAMM
LEBENSRAUM: NORDAMERIKA
HÖHE: 4,6–6,1 METER

AUF DEM 2. PLATZ...

Check mal diese Dinos, die es auf unsere Liste der faszinierndensten geschafft haben!

FÜRSORGLICHSTE MUTTER

MAIASAURA

Mit dem Namen „Gute Mutterechse" musste die *Maiasaura* ja hier gewinnen. Bei Ausgrabungen fand man versteinerte Nester und Eierschalen neben den Skeletten ausgewachsener *Maiasaura*. Die Nester dieser Entenschnabel-Dinos bildeten ganze Kolonien, was darauf hinweist, dass die Pflanzenfresser der späten Kreidezeit in Gruppen zusammenlebten. Jungtierfunde könnten bedeuten, dass sich die *Maiasura*-Eltern, wie die heutigen Vögel, um ihre Jungen kümmerten, bis diese selbständig wurden.

SÜDLICHSTER DINO

CRYOLOPHOSAURUS

Dinosaurier wurden auf jedem Kontinent gefunden, einschließlich dem kältesten Ort der Erde, der Antarktis. Der *Cryolophosaurus* durchstreifte vor 190 Millionen Jahren die Wälder – ja, richtig gehört: Wälder – als diese Gegend noch näher am Äquator lag und daher wärmer als heute war.

WERTVOLLSTER DINO

ARCHAEOPTERYX

Viele Fossilienfunde sind wertvoll, aber Geld ist nicht alles. Die Entdeckung eines 150 Mio. Jahre alten *Archaeopteryx*-Fossils, zum ersten Mal im 19. Jahrhundert in Bayern ausgegraben, ist ohne Zweifel der wertvollste Fund für die Forschung! Die Knochen des *Archaeopteryx* zeigen Eigenschaften von Reptilien und von Vögeln, was ihn zum „Übergangsfossil" macht. Dieser Beweis lehrte die Forscher, dass die heutigen Vögel die lebenden Nachfahren der Dinos sind. (Lerne mehr über den *Archaeopteryx* auf S. 196-197.)

MAGISCHSTER NAME

DRACOREX HOGWARTSIA

Harry-Potter-Fans aufgepasst! Den zauberhaftesten Namen hat der *Dracorex hogwartsia* oder „Drachenkönig von Hogwarts". Er wurde nach der legendären Zauberschule benannt. Sieht dieser *Pachycephalosaurier* der Spätkreide mit knorrigem, stacheligem Kopf wirklich wie ein Drache aus der Abenteuerwelt von Harry Potter und seinen Freunden aus? Entscheiden musst du, Muggel!

DIE PLÄTZE 3 BIS …

Noch mehr Dinos mit fantastischen Eigenschaften!

DER **SCHLAUESTE**

TROODON

Man kann unmöglich sagen, welcher Dino der Klügste war. Aber der *Troodon* hatte das beste Gehirn-zu-Körper-Verhältnis, mit dem Wissenschaftler die Intelligenz eines Tieres messen (siehe Seite 50-51). Der kleine, schnelle Jäher aus der späten Kreidezeit hatte ein gutes Gehör und große, nach vorn gerichtete Augen, wodurch er die Distanz zu seiner Beute besser einschätzen konnte.

DIE MEISTEN **ZÄHNE**

EDMONTOSAURUS

Die breite Schnauze des *Edmontosaurus* war zahnlos (wie der Schnabel heutiger Vögel), aber sein Ober- und Unterkiefer waren übersäht mit hunderten kleiner Zähne (über 1.400 bei manchen Schädelfunden). Wie andere Dinos hatte er hinter den sichtbaren Zähnen noch zahlreiche Ersatzzähne. Wie cool ist das denn? Der *Edmontosaurus* benutzte diese unglaubliche Menge Zähne zum Zermahlen von großen Pflanzenmengen im Nordamerika der späten Kreidezeit.

FALSCH **BENANNT**

OVIRAPTOR

Klingt wie ein schlechter Scherz! Der *Oviraptor*, oder „Eierdieb", wurde neben einem Nest mit Eiern gefunden, die wahrscheinlich zu einer anderen Species gehörten. Daher glaubte man, dass der *Oviraptor* ein Nesträuber war. Später wurde jedoch das Baby eines *Oviraptor* in einem der Eier gefunden, so dass der Beschuldigte vielleicht doch das Elterntier war. *Oviraptor*-ähnliche Skelette wurden auch auf einem Nest voller Eier sitzend gefunden, genauso wie es die heutigen Vögel tun. Also: Falsch gelegen!

BEDROHLICHSTER HALS

SAUROPELTA

Selbst Dracula würde diesen knorrigen Hals verschmähen! Nacken und Schultern des *Sauropelta* waren mit bedrohlich wirkenden Stacheln übersäht, die dem Pflanzenfresser in Nordamerika der frühen Kreidezeit wahrscheinlich zur Verteidigung dienten. Der eindrucksvolle Ankylosaurier (sein Name bedeutet „Schildechse") war am ganzen Rücken und Schwanz so sehr mit Platten bedeckt, dass sich Raubtiere vermutlich die Zähne ausgebissen haben.

FALLSTUDIE

DAS MÄDCHEN, DAS NACH DINOS SUCHTE

Zu Beginn des 19. Jahrhunderts, als die kleine Mary Anning von Dinos träumte, wurden Frauen als Wissenschaftler noch nicht ernstgenommen. Dennoch wurde Mary gegen alle Erwartungen eine der wichtigsten Paläontologen ihrer Zeit. Ihr Vater war begeisterter Fossiliensammler und brachte Mary alles bei, was er wusste. Nach seinem Tod begann die elfjährige Mary damit, ihre Familie durch das Finden und Verkaufen von Fossilien zu unterstützen. Ihre wichtigsten Funde waren unter anderem der erste Plesiosaurier, das erste vollständige Ichthyosaurierskelett und hunderte (vielleicht tausende) weiterer Fossilien. Das ist ziemlich gewaltig für jemanden, der keine offizielle wissenschaftliche Ausbildung hatte.

Mary fand aber nicht nur irre viele Fossilien, sie brachte sich auch das ganze Wissen über die Paläontologie selbst bei. Ihre Arbeit wurde die Grundlage für viele andere wissenschaftliche Entwicklungen. Ihre Entdeckungen in Geologie und Prähistorie halfen sogar Charles Darwin dabei, seine Abstammungstheorie zu festigen. Obwohl zeitgenössische Kollegen Marys Arbeit respektierten und sie oft um Rat und Meinung fragten, durfte sie ihre Funde nicht unter eigenem Namen veröffentlichen, weil sie eine Frau war. Nach ihrem Tod wurde Marys Beitrag zur Paläontologie überwiegend vergessen. Aber in jüngster Zeit begannen einige Leute damit, Bücher über ihr bemerkenswertes Leben und ihre Entdeckungen zu schreiben. Die herausragende Forscherin und Gelehrte Mary Anning bekommt jetzt endlich die Aufmerksamkeit, die sie verdient hat.

FOSSILIEN-JÄGER FINDEN IMMER NOCH PRÄHISTORISCHE **KNOCHEN** IN DEN KALKSTEINFELSEN IN DER NÄHE VON MARYS ZUHAUSE IN LYME REGIS.

BLUE LIAS KLIPPEN IN LYME REGIS, DORSET, ENGLAND, WO ANNING IHRE GROSSEN ENTDECKUNGEN MACHTE.

MARY ANNING

ALLERLEI FUNDE

Mary Anning (1799-1847) machte viele wichtige Fossilienfunde. Ihre Entdeckungen begrenzten sich aber nicht nur auf Dinos. Zu ihren Funden zählen eine der ersten anerkannten Pterosaurierfossilien und der Knochenfisch *Squaloraja*, der sich als Übergangsform zwischen Haien und Rochen entpuppte. Mary fand dies heraus, indem Sie einen heutigen Rochen sezierte und ihn mit dem *Squaloraja* fossil verglich. Ob sie nun Knochen ausgrub oder Exemplare sezierte, Mary Anning lies sich von niemandem sagen, was eine Frau tun sollte und was nicht. Sie betrieb einfach nur ihre Wissenschaft, ein bleibendes Vermächtnis!

FOSSIL EINES PTEROSAURUS

HIGHLIGHT

BEMERKENSWERTE REPTILIEN IN AKTION!

Forscher haben Fossilien von Dinos und anderen prähistorischen Reptilien in allen Lebenslagen gefunden. Hier sind ein paar klasse Beispiele.

ZEITLOSE RAUFEREI: PROTOCERATOPS GEGEN VELOCIRAPTOR

ENTDECKT IN DER WÜSTE GOBI, MONGOLEI

Ein perfekt getimter Einsturz einer Sanddüne (oder ein Sandsturm) legte einen der berühmtesten Dinofunde überhaupt frei. Eine 80 Millionen Jahre alte Kampfszene mit einem *Velociraptor*, dessen sichelartige Fußklaue im Hals eines pflanzenfressenden *Protoceratops* steckte, der offenbar mit seinem kräftigen Maul den rechten Arm seines Gegners so gut wie abgebissen (und gebrochen) hatte.

DREIFACHE BEDROHUNG: FISCH IM KAMPF MIT EINEM PTEROSAURIER, DER GERADE EINEN ANDEREN FISCH GEFRESSEN HAT

ENTDECKT IN SOLNHOFEN, DEUTSCHLAND

Pterosaurier waren Flugreptilien, die gerne Fische jagten, indem Sie zur Wasseroberfläche herabstürzten und die Beute mit ihrem Schnabel schnappten. Aber für den versteinerten Pterosaurier, den man *Rhamphorhynchus* nannte, war diese Aktion seine letzte: Als er seine Beute verschlucken wollte, sprang der 60 cm lange Raubfisch *Aspidorhynchus* aus dem Wasser und schnappte den linken Flügel des Pterosauriers. Wollte der *Aspidorhynchus* etwa den selben Fisch fangen wie der *Rhamphorhynchus*? Oder den Pterosaurier selbst? Oder war ihr Zusammenstoß ein unglücklicher Zufall: sozusagen „zur falschen Zeit am falschen Ort"? Im folgenden Kampf ertranken letztlich alle drei (der kleine Fisch steckte noch immer im Hals des Pterosauriers!) und sanken auf den Boden der Lagune, wo sie 155 Millionen Jahre später dann wieder ausgegraben wurden.

FINGERFOOD: SCHLANGE FRISST (BEINAHE) EIN DINO-BABY

ENTDECKT IM INDISCHEN BUNDESSTAAT GUJARAT

Nur selten findet man ein Schlangenfossil, aber eines zu finden, das Dino-Eier umschlingt und gerade dabei ist, ein geschlüpftes Dino-Junges zu fressen? Das ist wahnsinnig selten! Dieser 67 Millionen Jahre alte Knochenfund war der erste Beweis überhaupt, dass Schlangen Dinos fraßen. Man glaubt, dass diese Schlangenart ihr Maul nicht weit genug öffnen konnte, um Dino-Eier ganz zu verschlingen, so dass sie sich stattdessen eingerollt und geduldig darauf gewartet hat, bis ihre Beute herauskam. Pech für den 3,5 m langen Nestjäger war nur, dass ein Erdrutsch seine Mahlzeit unterbrach.

SPUREN LEGEN: DINOSAURIER AUF ACHSE

ENTDECKT IN GLEN ROSE, TEXAS, USA.

Vor etwa 110 Millionen Jahren hinterließen zwei Dinos besonders kuriose Spuren in einem nordamerikanischen Flußbett. Die versteinerten Fußabdrücke eines Sauropoden, dicht gefolgt von einem Theropoden, weisen auf eine heiße Verfolgungsjagd hin. Forscher haben diese 45 Meter große Jagdszene mit Hilfe modernster Photogrammetrie-Technologie rekonstruiert, also die Fotos kombiniert, um ein digitales 3-D-Modell der Fundstätte zu erzeugen.

KRASS!

KOMMT MAL ENDLICH AUF DEN PUNKT!

Dieser mysteriöse Dino wurde über die Jahre ziemlich oft fehlinterpretiert

Der fast 8 Meter lange, stämmige *Plateosaurus* ist einer der am meisten untersuchten und doch rätselhaftesten Dinosaurier Europas. Er wurde 1837 bekannt und seither wurden hunderte Skelette dieses Pflanzenfressers in Zentral- und Westeuropa gefunden, einige auch in Deutschland. Als Paläontologen zum ersten Mal die Knochen dieses Giganten des späten Trias studierten, vermuteten sie, dass er aufrecht auf zwei Beinen ging – nur um später festzustellen, dass er doch auf allen Vieren lief. Eine weitere Theorie besagt, dass er auf zwei Beinen lief, aber mit Rücken und Schwanz in horizontaler Haltung. Warum dieser häufige Meinungswechsel? Nun, je mehr Funde und Beweise auftauchen, desto öfter findet man neue Erkenntnisse, durch die sich Meinungen wieder ändern. Wissenschaftler studieren den *Plateosaurus* schließlich schon seit 180 Jahren. Und da jedes Jahr neue Fossilien ausgegraben werden, kann man nicht sagen, welche Änderungen als nächstes entdeckt werden. (Lies auch auf Seite 118-119 über einige verblüffende paläontologische Verwechslungen.)

WISSENSCHAFTLER GLAUBEN, DASS DER PFLANZENFRESSENDE PLATEOSAURUS **IN HERDEN LEBTE,** ZUR GEMEINSAMEN NAHRUNGSSUCHE.

DER OSCAR GEHT AN ...

DIE ERSTEN ÜBERRESTE DES DEINONYCHUS WURDEN 1931 IN MONTANA, USA GEFUNDEN

Filmemacher ändern öfters mal Fakten, damit die Story „besser passt“, vor allem wenn es um Dinos geht. Und gerade deshalb machen diese Filme so viel Spaß. 1993 wurden im Mega-Blockbuster *Jurassic Park* die Fakten besonders bei einem Dino heftig verdreht: dem *Velociraptor*. Echte *Velociraptoren* (die in der Kreidezeit lebten, nicht im Jura) waren nur ungefähr so groß wie ein Pudel, und hatten Federn. Im Film sind sie 1,8 Meter groß und haben glatte, schuppige Haut! Es stellt sich heraus, dass die *Velociraptoren* in *Jurassic Park* eigentlich auf dem *Deinonychus* basieren, einem Dino der frühen Kreidezeit, der von Kopf bis Fuß mehr als 3 Meter lang war, 12,7 cm lange, einziehbare Krallen an den Füßen hatte und höchstwahrscheinlich im Rudel jagte, wie die *Velociraptoren* im Film.
Jurassic Park hat aber auch ein paar Dinge über den *Velociraptor* richtig dargestellt: Er war ein grausames Raubtier, mit einziehbaren, hakenförmigen Krallen an den Füßen (auch wenn die Krallen nur 7,6 cm lang waren). Aufgrund seiner zierlichen Größe jagte der *Velociraptor* meist nur Dinosaurier-Babys und kleine Säugetiere und griff nur gelegentlich größere Beutetiere an. Und obwohl er wahrscheinlich ziemlich schlau war, wäre es ihm wohl nicht gelungen, Türen zu öffnen. Im Film hat er das Türöffnen gelernt, was Kinofans ganz besonders begeisterte. Daher geht dieser Oscar an … den *Deinonychus* für seine großartige Darstellung eines *Velociraptors* im Film *Jurassic Park*!

DER DEINONYCHUS JAGTE BEUTE, DIE VIEL GRÖSSER WAR ALS ER.

DINO-IQ

Der *Troodon* heimste den Preis als schlauster Dino ein (Seite 128-129), aber schau dir mal an, wie diese Dinos sich im Kampf der Klugen Köpfe schlagen.

DEINONYCHUS vs. IGUANODON

Der Dromaeosauride (oder Raptor) namens *Deinonychus* war ziemlich helle (basierend auf dem Gehirn-Körpergröße-Verhältnis). Und der *Deinonychus* saß wohl ziemlich weit oben in der Nahrungskette und verprügelte die meisten seiner Konkurrenten, einschließlich des *Iguanodon*.

ALLOSAURUS vs. HADROSAURUS

Wenn es ums Denken geht, mag der *Allosaurus* nicht wirklich ein Gegner für den *Troodon* oder den *Deinonychus* gewesen sein, aber er war doch ziemlich gewitzt. Er gewinnt locker gegen den *Hadrosaurus*, dessen Gehirn eher so groß wie das seines Cousins *Iguanodon* war.

TRICERATOPS VS. STEGOSAURUS

Kein echter Wettkampf! Der *Triceratops* war vielleicht nicht das hellste Lämpchen im Stammbaum der Dinos, aber eventuell doch klüger als der *Stegosaurus*, der ein Gehirn der Größe einer Zitrone hatte – in einem Körper, der bis zu 9 m groß werden konnte.

COMPSOGNATHUS VS. ORNITHOMIMUS

Beide waren Ehrenmitglieder der Dino-Vereinigung der Theropoden. Aber auch wenn der *Ornithomimus* ein recht großes Gehirn verglichen zu seinem kleinen Körper aufweisen konnte, zieht der *Compsognathus* mit leicht besserem Gehirn-Körper-Verhältnis auf der Zielgerade gerade noch an ihm vorbei.

ZAHLEN & FAKTEN

KOPF UND KNOCHEN

Wissenschaftler entdecken im Eiltempo neue Dino-Arten, aber in den wenigsten Fällen haben sie das Glück, ein komplettes Skelett zu finden. Hier sind einige Dinos, von denen man (relativ) vollständige Skelette gefunden hat.

100+
SKELETTE

PLATEOSAURUS

12
SKELETTE

ARCHAEOPTERYX

SUE, DIE T-REX-DAME IM FIELD MUSEUM IN CHICAGO, USA, IST DER **VOLLSTÄNDIGSTE** T-REX, DER JEMALS GEFUNDEN WURDE.

TYRANNOSAURUS REX

DUTZENDE SKELETTE, ABER NUR **4**, DIE ZU MEHR ALS **48 %** KOMPLETT WAREN

100+ SKELETTE

PSITTACOSAURUS

30 SKELETTE

IGUANODON

BLICK NACH VORN

UR-SCHILDKRÖTE

Bei einem kräftigen, belastbaren Tier denkt man nicht unbedingt gleich an eine Schildkröte. Sollte man aber! Die 60-65 Mio. Jahre alten Überreste einer nordamerikanischen Flussschildkröte zeigen, dass das grob gepanzerte Reptil genau die Katastrophe überlebt hat, die für das Aussterben der Dinosaurier vor 65 Mio. Jahren verantwortlich war. Die Entdeckung des *Boremys*, der bis dahin nur durch Funde aus der Zeit vor dem großen Massensterben bekannt war, zeigte, dass diese langlebige Schildkröte genau das Ereignis überlebt haben muss, das die Mehrheit aller Pflanzen und Tiere der Erde aussterben ließ.
Wie konnten Schildkröten überleben und zahllose andere Tiere nicht? Man glaubt, dass nicht nur das Leben im Wasser dem *Boremys* und anderen Wasserschildkröten das Überleben ermöglichte, sondern auch andere Anpassungen, die sich in harten Zeiten als nützlich erwiesen. Wenn die Umstände schwierig werden, können Wasserschildkröten ihren Stoffwechsel verlangsamen und – in Schlammlöchern eingegraben – mehrere Jahre ohne Wasser und Nahrung auskommen. Diese außergewöhnlichen Fähigkeiten waren dem *Boremys* höchstwahrscheinlich während und nach dem Ereignis nützlich, das unsere Erde für so viele Spezies unbewohnbar machte. Härtetest mit Bravour bestanden!

SCHILDKRÖTEN — GRUPPE: **REPTILIEN**

LEBENSRAUM: **OZEANE, TEICHE, FLÜSSE, SÜMPFE, SÜSSWASSERSEEN (WASSERSCHILDKRÖTEN); WIESEN, WÄLDER, WÜSTEN (LANDSCHILDKRÖTEN)**

ANZAHL DER LEBENDEN ARTEN: **UNGEFÄHR 300 ARTEN (LAND-, WASSER, UND SUMPFSCHILDKRÖTEN)**

AKTUELL WO: **WELTWEIT, AUSSER IN DER ARKTIS UND ANTARKTIS**

BOREMYS AUF EINEN BLICK

- Der *Boremys* fraß Krebse und weiche Pflanzen in Flüssen und Seen Nordamerikas, wo er beheimatet war.
- Der *Boremys* starb vor 42 Mio. Jahren aus und ist mit keiner heute lebenden Schildkrötenart nahe verwandt.
- Der *Boremys* konnte seinen Kopf nicht in den Panzer einziehen, wodurch er für kleine Säugetiere leichte Beute war.

AUF EINEN BLICK

EPIDEXIPTERYX

1 FRECHSTES SÄUGETIER

Die meisten Säugetiere, die zur Zeit der Dinosaurier gelebt haben, stellten selbst für den kleinsten Dino keine Gefahr dar. Der *Repenomamus* war da eine Ausnahme: Mit starkem Kiefer und scharfen Zähnen wurde dieser Räuber bis zu 90 cm groß und war vermutlich das größte Säugetier des Mesozoikum. Es jagte Wirbeltiere und auch kleine Dinosaurier.

2 ULKIGSTES HINERTEIL

Dieser taubengroße Dino konnte mit „allen" Schwanzfedern wackeln. Der *Epidexipteryx* stellte sich vermutlich mit seinen vier exzentrisch langen „Hinterfedern" zur Schau oder er benutzte sie fürs Gleichgewicht, wenn er auf der Jagd nach Insekten auf Ästen entlanghuschte.

3 DIE MEISTEN KILOMETER

Wissenschaftler glauben, dass der Sauropode *Camarasaurus* im späten Jura jährlich hunderte von Kilometern umhergewandert ist – vom Flachland des heutigen Utah und Wyoming im Westen der USA hinauf ins Gebirge und wieder zurück. Warum diese langen Wanderungen? Um vor Dürreperioden in Gegenden zu fliehen, wo es reichlich Futter und Wasser gab.

REPENOMAMUS

WAS FÜR EIN FRECHES VIEH

Woher wissen wir, dass der Repenomamus auch Dinos gefressen hat, während die meisten Säugetiere des Mesozoikum den Ball flach hielten? 2005 wurden bei dem kleineren von zwei entdeckten *Repenomamus*-Fossilien Knochenreste im Bauch gefunden, die zu einem *Psittacosaurus*-Baby gehörten, ein Pflanzenfresser, der vor 130 Millionen Jahren mit diesen Säugetieren in den Wäldern Chinas lebte.

4 RÄTSELHAFTESTER GRUPPENTOD

Sehr unheimlich! 1947 entdeckte man hunderte von Skeletten des aus dem Spätjura stammenden *Coelophysis*, die zusammen bei der heutigen „Ghost Ranch" in New Mexiko begraben waren. Die riesige Grabstätte weist darauf hin, dass diese schnellen, leichten Echsenfresser ihr Ende gemeinsam in der Herde fanden. Niemand weiß, warum.

5 EINDRUCKSVOLLSTER KAMM

Ein Pterosaurier mit Geweih? Der riesige, knochige Kamm des *Nyctosaurus* dehnte sich unglaubliche 70 cm weit. Manche Wissenschaftler glauben, dass sich um diesen skurrilen Kamm ein Hautlappen spannte, den der Pterosaurier wie ein Segel nutzte. Er half ihm beim Fliegen, Segeln oder Gleiten im Nordamerika der Spätkreide.

6 UNVERGESSLICHSTES LÄCHELN

Der *Kaatedocus* hatte so große Zähne, dass es so aussah, als ob dieser Sauropode des späten Jura immer lächelte. Seine stiftgroßen Zähne – vor allem in der vorderen Schnauze sehr auffällig – benutzte er überwiegend zum Abziehen von Pflanzen in seiner nordamerikanischen Heimat.

DAS ERSTE MAL, DASS JEMAND BEHAUPTETE, MODERNE VÖGEL SEIEN DIE NACHKOMMEN DER DINOSAURIER, WAR IN DER MITTE DES 19. JAHRHUNDERTS.

FLUGPLAN

Eine der coolsten Sachen bei Dinosauriern ist, dass man ihre Nachfahren morgens draußen vor dem Fenster singen hört oder dass sie im Winter an der Vogelfutterstelle fröhlich herumhüpfen. Wir wissen heute, dass sich Vögel aus den fleischfressenden, zweibeinigen Dinosauriern entwickelt haben. Aber wie sich die Dinos letztendlich in die Lüfte erhoben, das ist nach wie vor eines der verworrendsten Rätsel ... noch. Einige Forscher meinen, dass sich Vögel aus Dinos entwickelt haben, die auf Bäumen lebten und mit ihren Federn von Ast zu Ast gesegelt sind. Dies wird als „Oben-Unten"-Hypothese bezeichnet. Andere glauben an die „Unten-Oben"-Hypothese, nach der am Boden lebende Dinosaurier die Federn ihrer vorderen Gliedmaßen bei der Jagd nach Insekten benutzten, um höher in die Luft springen zu können. Welche These ist nun richtig? Die Jury ist sich noch uneins, aber du kannst sicher sein, dass die Wissenschaftler nicht eher ruhen, bis der „Flugplan" der Dinosaurier steht!

OBWOHL VIELE DIESER DINOSAURIER IHRE FEDERN NICHT ZUM FLIEGEN BENUTZTEN, HABEN SIE DAMIT VIELLEICHT PARTNER ANGELOCKT UND IHRE KÖRPER – UND EIER — WARM GEHALTEN, WIE DIE HEUTIGEN VÖGEL.

WEG ZUM

WELCHER DIESER DINOS HAT IN WELCHER UNSERER KATEGORIEN DEN SIEG ERRUNGEN?

A	B	C	D
EINDRUCKSVOLLSTER KAMM	MEISTE FAST KOMPLETTE SKELETTE GEFUNDEN	DER BERÜHMTESTE	DER KLÜGSTE

LÖSUNG: 1: D; 2: A; 3: H; 4: G; 5: E; 6: F; 7: B; 8: C

RUHM

E	F	G	H
DIE MEISTEN ZÄHNE	DIE MEISTEN KILOMETER	DER WERTVOLLSTE	RÄTSELHAFTESTER TODESFALL

KAPITEL 6

BIST DU BEREIT FÜR EINE ZEITREISE ZU DEN ALLERERSTEN DINOS?

Die ersten Dinosaurier waren sehr klein und entwickelten sich in der Zeit des Trias. Sie teilten das Land mit Insekten, Amphibien, kleinen Säugetieren und gewaltig großen Reptilien wie dem *Postosuchus*, einem wilden, flinken Raubtier mit scharfen Zähnen, das bis zu 4,6 Meter lang wurde und entfernt verwandt zum heutigen Krokodil war. Komm mit auf eine Reise zu den allerersten Dinos.

POSTOSUCHUS

UND DER SIEGER IST...

NYASASAURUS

WANN: VOR CA. 240 MJ

LÄNGE: 2–3 METER

HÜFTHÖHE: 1 METER

WO: AFRIKA

GEWICHT: 20–60 KILOGRAMM

PARRINGTONI

FRÜHE DINOSAURIER WAREN KLEINER ALS IHRE NICHT-DINO-VERWANDTEN, DIE REPTILIEN, WELCHE DAMALS DIE **DOMINANTEN RAUBTIERE** AUF DEM FESTLAND WAREN.

Es ist unheimlich schwer, den ältesten Dinosaurier genau zu bestimmen. Es gibt eine ganze Reihe Dinos, deren Knochenfunde auf ein Alter von ca. 230 Millionen Jahren geschätzt wurde. Wer ist also der Sieger? Forscher gaben 2012 bekannt, dass ein Dinoknochen als vermutlich ältester Fund der Welt identifiziert wurde: Die Überreste des *Nyasasaurus parringtoni* sind über 10 Millionen Jahre älter als alle anderen bis jetzt entdeckten Dinofossilien. Damit wären die Dinos bereits vor 240 Millionen Jahren aufgetreten. Aber rätselhaft bleibt es dennoch: Weil das Skelett nicht komplett ist – man fand nur einem Oberarm und ein paar Rückenknochen – kann man nicht mit Sicherheit sagen, ob der *Nyasasaurus* tatsächlich der früheste bekannte Dino oder stattdessen der engste Verwandte der Dinosaurier ist, der bis jetzt gefunden wurde. So oder so, der *Nyasasaurus* zeigt, dass Dinosaurier sich vermutlich früher entwickelt haben, als wir bis jetzt annahmen.

AUF DEM 2. PLATZ...

Es wird Zeit, die Uhr aufs Trias zurückzustellen! Diese Dino-Pioniere stammen alle aus einer Zeit von vor über 200 Millionen Jahren.

HERRERASAURUS

Der *Herrerasaurus* lebte auch vor 228 Mio. Jahren in Südamerika, war aber größer als der *Eoraptor* (obwohl er nur so schwer wie ein Löwe war). Es wird heute allgemein angenommen, dass der *Herrerasaurus* einer der frühesten Theropoden war. Seinen Namen hat er von *Victorino Herrera*, dem argentinischen Farmer, der ihn entdeckte.

Es war manchmal nicht einfach, Dinosaurier eindeutig der Triaszeit zuzuordnen. Am Anfang dachten die Forscher meist, der Dino wäre z.B. eine frühe Art der Sauropoden. Als man später weitere Fossilien fand, untersuchte und auswertete, wurde der Dino dann oft zu den frühen Theropoden neu eingeordnet, oder umgekehrt.

EORAPTOR

Der *Eoraptor* durchstreifte vor etwa 228 Millionen Jahren auf der Suche nach Beute die Flusstäler des heutigen Argentinien. Der schnelle Zweibeiner mit den scharfen Zähnen war nicht länger als ein Baseballschläger und wog nur soviel wie ein Kind. Die Beute des *Eoraptor* waren vermutlich Echsen und andere kleine Reptilien. Und manchmal fraß er vielleicht sogar Pflanzen.

ISANOSAURUS

Der *Isanosaurus* war einer der ersten Sauropoden des späten Trias (Obertrias). Mit nur 6 Metern Länge war der Waldbewohner als Jungtier viel kleiner als die Giganten, die zig Millionen Jahre später kommen sollten. Da die einzigen bis heute gefundenen Knochen des *Isanosaurus* von nicht ausgewachsenen Jungtieren stammen, weiß man nicht genau, wie groß er tatsächlich werden konnte.

PLATEOSAURUS

Der *Plateosaurus* war ein Pflanzenfresser, der vor 216 bis 204 Mio. Jahren die Wälder und Sümpfe des heutigen Europa durchstreifte. Bereits in den 1830er Jahren entdeckt, kann der *Platesosaurus* von sich behaupten, einer der ersten Dinosaurier zu sein, die von der Wissenschaft anerkannt wurden.

DIE PLÄTZE 3 BIS ...

Erforsche einige der außergewöhnlichsten Frühereignisse der Dino-Geschichte.

DIE ERSTEN **FOSSILIEN**

ISCHIGUALASTO FORMATION

Einige der ältesten bekannten Dinosaurierüberreste wurden in Nord-Argentinien im Mondtal (Valley of the Moon) gefunden. Diese Gegend im Ischigualasto Provinzpark sieht tatsächlich wie eine Mondlandschaft aus und enthält zusammen mit dem angrenzenden Talampaya Nationalpark die umfassendste Fossilsammlung der Anfänge der Dinosaurier, Säugetiere und Pflanzen während der Triaszeit.

DER VATER DES BEGRIFFS **DINOSAURIER**

SIR RICHARD OWEN

Wir verdanken dem Wissenschaftler Sir Richard Owen den Begriff „Dinosaurier", der von den griechischen Wörern *deinos* („fürchterlich groß") und *sauros* („Echse") abgeleitet ist. Sir Richard erfand den Namen 1842, um eine Gruppe von drei am frühesten gefundenen Dinosaurierfossilien zu beschreiben: einen *Megalosaurus* aus dem Jura und je einen *Hylaeosaurus* und *Iguanodon* aus der Frühkreide. (Owen wusste, dass sie keine Echsen waren, aber er wählte den Namen, weil er annahm, dass sie irgendwie verwandt seien.)

ERSTES FAST VOLLSTÄNDIGES DINO-SKELETT **ENTDECKT**

HADROSAURUS

Der Fund eines *Hadrosaurus* in einem Bergwerk im amerikanischen Haddonfield, New Jersey, war eine ziemlich große Sache. Die meisten bis dato gefundenen Dinofossilien waren nur Bruchstücke, doch dieser *Hadrosaurus* war ein fast komplettes Skelett. Aber noch cooler war, dass seine kürzeren Vorderläufe zum ersten Mal bewiesen, dass einige Dinosaurier auf zwei Beinen gelaufen sind! Grund genug, den *Hadrosaurus* zu ehren: Er ist der offizielle Dinosaurier des Bundesstaates New Jersey.

ERSTER WISSENSCHAFTLICH BESCHRIEBENER **DINO**

MEGALOSAURUS

Alles was wir über Dinos wissen, begann mit einer „großen Echse": Der *Megaolsaurus* ist das erste Dinosaurierfossil, das (1824 vom britischen Geologen William Buckland) wissenschaftlich beschrieben wurde. Überreste des Raubtiers aus dem Jura wurden zum ersten Mal im 17. Jahrhundert in England gefunden, aber damals wusste man noch nichts von Dinosauriern und dachte, die Knochen gehörten zu einem Elefanten.

FALLSTUDIE

FARBENFROHE GESCHÖPFE

Schwarz-Weiß-Rot – Was kann das sein? Ein Dinosaurier!

Welche Farbe hatten Dinosaurier? Genau weiß das niemand. Wenn Künstler Bilder von Dinosauriern (für Bücher wie dieses hier) malen oder Modelle für Museen bauen, müssen Sie raten, welche Farben die Haut eines Dinos wohl hatte. Um auf der sicheren Seite zu sein, wählen sie meist Tarnfarben wie Grün, Braun oder Grau, die den Dinos geholfen hätten, sich ihrer Umgebung anzupassen. Aber das könnte sich alles bald ändern. Kürzlich haben Forscher zum ersten Mal winzige Pigmentteile – chemische Stoffe, die Tieren und Pflanzen Farbe geben – in Fossilien gefunden. Diese Pigmente, die man innerhalb mikroskopisch kleiner Organellen, Melanosome genannt, in Dino-Zellen gefunden hat, gleichen den Pigmenten der Federn heutiger Vögel ... und deiner Haare! Wissenschaftler haben diese Pigmente in einem Fossil des *Anchiornis* studiert, einem kleinen, gefederten Dino, der während der Zeit des Jura im heutigen China gelebt hat. Heraus kam, dass der *Anchiornis* etwa so wie ein Specht gefärbt war, schwarz, weiß und rot. Es dauert noch eine Weile, aber wenn man auch die Pigmente anderer Fossilien analysiert hat, weiß man genau, welche Farben die Haut der Dinos hatte.

FLIEGENDE FARBEN

Forscher vermuten, dass Dinos wie heutige Vögel gefärbt waren: Männchen waren eher farbenfroh, um Weibchen anzulocken, während diese eher trist und grau gefärbt waren. Warum durften die Weibchen nicht auch schöne Farben tragen? Vor allem weil sie genau diese bei den auffällig gefärbten Männchen bewunderten. Wer die schönsten Federn hatte, bekam mehr Weibchen ab und konnte dadurch mehr Küken produzieren. Falls diese Männchen waren, erbten Sie die auffälligen Farben, was widerrum zu vielen toll gefärbten Vogelmännchen führte.Ein anderer Grund könnte sein, dass die grauen Weibchen beim Brüten weniger Raubtiere zu ihren Nestern anlockten. So konnten mehr Küken überleben und erbten den fehlenden Geschmack für Mode von ihren Müttern.

ANCHIORNIS

HIGHLIGHT

STARKE STEINALTE TIERE

Diese coolen Wesen lebten vor — manche weit vor — den Dinosauriern.

TRILOBIT

(VOR 521 – 250 MJ)

WAS IST DAS? Eine der ältesten bekannten Gliederfüßer, eine Gruppe von Wirbellosen, zu der Insekten, Krebse, Myriapode (Tausendfüßer, Hundertfüßer) und Spinnen gehören, die heute über die Welt flitzen.

WARUM SIND SIE SO TOLL? Überreste der winzigen Trilobiten findet man auf der ganzen Welt. Diese kleinen Kreaturen haben sich in tausende bekannter Spezies entwickelt und beherrschten die Ozeane mehr als 250 Millionen Jahre lang.

OPABINIA (VOR 510 – 500 MJ)

WAS IST DAS? Dieses skurille, fünfäugige Wesen ist sowas von neben der Spur, dass es in keine einzige Gruppe der Tiere passt. Aber da es ein paar Eigenschaften mit den Gliederfüßern teilt, könnte es ein entfernter Gliederfüßer-Vorfahre sein.

WARUM SIND SIE SO TOLL? Die 6,5 cm lange Meereskuriosität benutzte die Greifklauen am Ende ihres 0,3 cm langen, rüsselartigen Anhängsels wahrscheinlich, um sich Beute und andere Leckereien einzuverleiben.

EURYPTERIDA

(VOR 470 – 248 MJ)

WAS IST DAS? Die „Seeskorpione" sind eine der ersten und wildesten Meeresraubtiere und die größten Gliederfüßer, die es jemals gab.

WARUM SIND SIE SO TOLL? Diese gigantischen, skorpionartigen Tiere waren größer als ein ausgewachsener Mensch und fischten in den Urgewässern nach langsam schwimmenden Snacks. Manche von ihnen konnten vielleicht sogar für kurze Zeit an Land kriechen!

DUNKLEOSTEUS

(VOR 380 - 360 MJ)

WAS IST DAS? Gepanzerte Fische, bedeckt mit bis zu 5 cm dicken Knochenplatten, und eine der frühesten „Kieferfische".

WARUM SIND SIE SO TOLL? Dieser Urzeit-Räuber war 10 Meter lang und hatte einen scharfen Kiefer anstelle der Zähne. Der *Dunkleosteus* hatte die größte Beißkraft aller Fische. Auch konnte er sein Maul in 1/50 Sekunde öffnen, eine Geschwindigkeit, die einen so kräftiger Sog erzeugt hätte, dass seine Beute direkt ins Maul gezogen worden wäre.

NAUTILOIDEEN

(VOR 500 MJ BIS IN DIE GEGENWART)

WAS IST DAS? Muschelartige Meeresbewohner und die frühesten Kopffüßer, eine Tiergruppe, zu der auch Tintenfische und Kraken gehören.

WARUM SIND SIE SO TOLL? Nautiloideen haben sich seit Millionen von Jahren fast nicht verändert. Zu Urzeiten gab es von ihnen ungefähr 10.000 Spezies, aber nur ein paar davon – darunter das „Gemeine Perlboot" — haben bis heute überlebt.

KRASS!

MENSCHEN DER ANTIKE HABEN VIELLEICHT EIN ELEFANTEN-FOSSIL GESEHEN UND DAS LOCH IN DER MITTE, AN DEM DER RÜSSEL HERAUSKOMMT, ALS AUGE VERSTANDEN, WAS ZUM MYTHOS DES ZYKLOPEN FÜHRTE.

STATUE DES HERCULES, DER MIT EINEM SEE-UNGEHEUER RINGT, SUFFOLK, ENGLAND

MYTHEN UND MONSTER, OH GOTT!

STOSSZÄHNE EINES MASTODON, GEFUNDEN IN NORDGRIECHENLAND

Seit der erste Dinosaurier im 19. Jahrhundert beschrieben wurde, haben die Menschen ihrer Fantasie freien Lauf gelassen, wie diese legendären Echsen und ihre prähistorische Welt wohl ausgesehen haben mögen. Wie sich herausstellt, könnten diese Urzeitgiganten schon lange bevor jemand wusste, wer sie waren, der Anlass für abenteuerliche Geschichten gewesen sein.

So waren z.B. die antiken Griechen versierte Geschichtenerzähler und erschufen Mythen, Legenden und Sagen mit vielen fantastischen Wesen wie Giganten, Monster und Drachen. Wahrscheinlich wurden sie von Knochenfunden inspiriert. Man weiß heute, dass die Inseln, auf denen viele dieser Mythen entstanden, reich an Fossilien sind und dass die Menschen im antiken Griechenland diese sammelten und wie in heutigen Museen ausgestellt haben. Damals hatte man jedoch noch nicht die wissenschaftlichen Kenntnisse über die Herkunft dieser Knochen erworben. Aber man wusste wohl schon, dass sie aus früheren Zeiten stammen mussten. Adrienne Mayor, eine Expertin der Mythen des antiken Griechenland und Rom, geht davon aus, dass die Menschen diese Fossilien zur Stützung ihrer traditionellen Geschichten benutzt haben und zu neuen Sagen inspiriert wurden.

URALTE INSPIRATION

- Das gigantische Seeungeheuer, das der griechische Gott Poseidon zur Vernichtung der Stadt Troja entsandte, (nachdem der König sich geweigert hatte, ihn für die Errichtung der Stadtmauer zu bezahlen), könnte von einem Schädel einer ausgestorbenen Giraffenart inspiriert worden sein. Viele solcher Fossilien wurden auf den griechischen Inseln entdeckt. Aber keine Sorge: Der Held Herakles tötete das Monster und rettete die Stadt!
- Die Fossilien eines Mastodon, die man auf der griechischen Insel Samos fand, wurden wahrscheinlich für die Knochen des riesigen Kriegselefanten des Dionysos gehalten (dem Gott der Natur und des Weines), den er im Krieg gegen die Amazonen einsetzte.
- Fossilien von längst ausgestorbenen Säugetieren könnten antike Griechen zum Glauben geführt haben, dass riesige Menschen oder Götter, wie z.B. Ares (Gott des Krieges), Hades (Gott der Unterwelt) und Aphrodite (Göttin der Liebe), einst auf der Erde lebten.
- Andere auf Samos gefundene Fossilien waren vermutlich die Inspiration für den Mythos der Bestie Neades. Von diesem furchteinflößenden Tier wird erzählt, dass es die Gegend durchstreifte und mit seinem Gebrüll die Insel in zwei Teile spalten konnte.

DRACORAPTOR

EIN NEUER DRACHE IN DER STADT

Rutsch mal rüber *Dracorex hogwartsia*, ein neuer Drache ist in der Stadt! Er hat zwar nicht den Namen eines Filmstars (siehe Seite 126-127), aber der *Dracoraptor* (das bedeutet „Drachendieb") war genauso beeindruckend. Er wurde 2014 im walisischen Cardiff entdeckt und bekam 2016 seinen Namen. Der Fund ist eines der ersten nahezu komplett vorhandenen Skelette aus der frühen Jurazeit. Der Dracoraptor ist eine wichtige Entdeckung, weil er in einer Zeit lebte, in der die Dinosaurier damit begannen, sich zu den großen Raubtieren der Kreidezeit zu entwickeln, also zu Dinos wie dem T-Rex und dem Velociraptor.

Der walisische *Dracoraptor* war noch kein ausgewachsenes Tier. Er war etwa 2 Meter lang und hatte kurze Arme und große Pranken. Durch Schnelligkeit fand er immer Beute, die er mit seinen scharfen Zähnen förmlich zerriss. Durch die Studien am *Dracoraptor* werden wir neue Erkenntnisse über die Entwicklung der Dinosaurier erhalten und wie sie nach dem großen Massensterben am Ende des Trias zur dominierenden Spezies des Planeten geworden sind. Dieses Aussterben rottete fast 76 Prozent aller Tierarten der Erde aus, auch viele Dinosaurier. Aber es ebnete den Weg für andere Dinos, die im Jura groß heraus kamen, wie z.B. dem *Dracoraptor*.

WALES, DAS LAND, IN DEM DER DRACORAPTOR ENTDECKT WURDE, HAT EINEN DRACHEN AUF SEINER FLAGGE.

WER WAR DER ERSTE?

Das Zeitalter der Dinosaurier dauerte mehr als 160 Millionen Jahre und umfasste drei verschiedene geologische Zeiträume: Trias, Jura und Kreidezeit. Finde heraus, welcher dieser Dinos der Erste in seiner Zeitepoche war.

PANTYDRACO vs. HERRERASAURUS

SIEGER

TRIAS:

Der *Herrerasaurus* gewinnt in dieser Periode. Dieser frühe Fleischfresser lebte vor 228 Mio. Jahren im späten Trias. Der *Pantydraco*, ein entfernter Verwandter der Sauropoden, trat erst 25 Millionen Jahre später auf.

MEGAPNOSAURUS vs. ALLOSAURUS

JURA:

Der *Megapnosaurus* — ein gefederter Theropode und naher Verwandter des *Coelophysis* — lebte im frühen Jura vor ca. 199 Millionen Jahren. Der langsame *Allosaurus* dagegen trat mit seinen messerscharfen Zähnen und großen Klauen erst etwa vor 150 Mio. Jahren im Spätjura auf.

APPALACHIOSAURUS vs. PSITTACOSAURUS

KREIDEZEIT:

Die Spannung steigt: Der Gewinner ist der *Psittacosaurus!* Dieser Pflanzenfresser mit Papageischnabel lebte vor 125 Mio. Jahren in der frühen Kreidezeit. Der *Appalachiosaurus* (von dem man ein fast komplettes Skelett in den Appalachen Alabamas fand) trat erst vor ungefähr 77 Millionen Jahren auf.

MEGA MEILENSTEINE

Die Geschichte der Erde reicht laaaaaaange zurück.
Hier liest du alles über einige der größten Meilensteine!

Vor
200.000
Jahren:
Homo sapiens

Vor
210
Millionen
Jahren: **Erste Säugetiere**

Vor
4,6
Milliarden Jahren:
Die Erde entsteht

Vor
543
Millionen Jahren:
Weichtiere, Trilobite, Wasserschlangen, Stachelhäuter, Schwämme

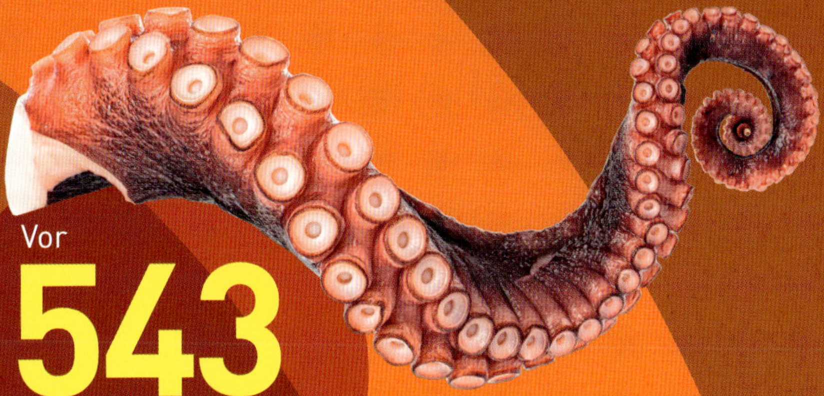

DER RIESENOZEAN, DER DEN SUPERKONTINENT **PANGAEA** UMGAB, WIRD **PANTHALASSA** GENANNT.

Vor
530
Millionen Jahren:
Erste Tiere mit Rückgrat

Vor 200 Millionen Jahren: Pangäa bricht auseinander

Vor
230
Millionen Jahren:
Frühe Dinosaurier

BLICK NACH VORN

ÜBERLEBENSKÜNSTLER

Es besteht kein Zweifel, dass Schwämme (Poriferen) eine der ersten Tiere der Erde waren, aber Experten waren sich viele Jahre nicht einig, *wann genau* diese kuriosen Wesen zum ersten Mal aufgetreten sind.
2015 entdeckte ein Forscherteam in einer geologischen Formation in Südchina etwas, dass beim Bestimmen eines genaueren Zeitpunkts helfen sollte: ein gut erhaltener 600 Millionen Jahre alter Schwamm, der nur etwa 1 mm hoch und breit war. 2016 fanden Forscher in 640 Millionen Jahre altem Gestein ein Molekül, das wahrscheinlich zu einem Meeresschwamm gehörte: Ein „Molekularfossil", das den Meeresschwamm zum ältesten Tier der Erde machen könnte!
Aber warum ist das so wichtig? Man glaubt, dass die Aufteilung zwischen Schwämmen und den meisten anderen Tieren ein bedeutendes Ereignis in der Frühgeschichte der Erde war. Die genaue Festlegung dieser Aufteilung hilft uns, den zeitlichen Ablauf der Evolution der Tiere besser zu verstehen. Was wieder mal zeigt: ein kleiner Fund kann eine ganz große Sache sein!

WAS IST DAS?!?

Schwämme erinnern an vieles uns Bekanntes: Äste, Rohre, Bälle und Büsche, um nur ein paar zu nennen. Aber sehen sie irgendeinem Tier ähnlich? Wahrscheinlich nicht! Schwämme haben keine Muskeln, keinen Blutkreislauf, kein Nervensystem und keine inneren Organe, aber sie sind tatsächlich Tiere. Schwämme sind sehr vielfältig. Es gibt sie in vielerlei Formen und Farben. Man findet sie in Gewässern auf der ganzen Erde, von den Tropen bis zum Polar. Und sie sind wahre Überlebenskünstler: Es gab fünf Massensterben in der Erdgeschichte und die Schwämme haben sie alle überlebt.

VASENSCHWAMM

GOLDSCHWAMM

SCHWÄMME

GRUPPE: **WIRBELLOSE**

LEBENSRAUM: **MEIST IN SALZWASSER; EINIGE LEBEN IN SÜSSWASSER**

AKTUELL WO: **WELTWEIT**

ANZAHL DER LEBENDEN ARTEN: **9.000 ODER MEHR**

DER NORMALE SCHWAMM IN DEINER KÜCHENSPÜLE **KOMMT NICHT AUS DEM MEER!** DIE MEISTEN HAUSHALTSSCHWÄMME SIND **VOM MENSCHEN HERGESTELLT,** MIT PFLANZENFASERN (ZELLULOSE) UND CHEMIKALIEN.

AUF EINEN BLICK

MEI LONG

1 ERSTER DINO IM WELTALL

Du denkst, Dinos wären nicht von dieser Welt? Stimmt! Bereits 1985 nahm Astronaut Loren Acton Knochen und Eierschalen von *Maiasauriern* auf seine Mission zu *SpaceLab 2* mit. Dreizehn Jahre später war ein 210 Jahre alter Schädel eines *Coelophysis* an Bord des Space Shuttle *Endeavour*, auf dessen Weg zur Raumstation Mir.

2 ERSTER DINOFUND IN VOGEL-SCHLAFPOSITION

Der *Mei Long* (was soviel heißt wie „tief schlafender Drache") war das erste Dinosaurierfossil, das man in schlafender Position fand, mit dem Gesicht hinter einen Vorderlauf gesteckt, was man bei heutigen Vögeln beim Schlafen auch beobachten kann. Na dann: Gute Nacht!

3 ZUERST ENTDECKTE DINOEIER

Dem römisch-katholischer Priester Jean-Jacques Pouech wird die Ehre zugeschrieben, als erster Mensch Dinosauriereier entdeckt zu haben. Er legte die Schalenfragmente 1859 in Südfrankreich frei und beschrieb sie als „riesige Eierschalen, mindestens viermal so groß wie Straußeneier". Er wusste damals noch nicht, dass sie zum Sauropoden *Hypselosaurus* aus der späten Kreidezeit gehörten.

COELOPHYSIS

HYPSELOSAURUS

PROGANOCHELYS

VON UNTEN NACH OBEN

Der *Odontochelys* lebte vor 220 Mio. Jahren in seichten Küstengewässern, fast zehn Mio. Jahre vor dem *Proganochelys*. Obwohl er ein Plastron hatte (Bauchpanzer), besaß er kein Carapax (Rückenpanzer), was bedeuten könnte, dass sich Schildkrötenpanzer zunächst nur unten herausgebildet und sich erst später nach oben ausgeweitet haben, um so einen vollständigen Panzer zu bilden, wie wir ihn heute kennen.

4 ERSTE SCHILDKRÖTE MIT VOLL AUSGEFORMTEM PANZER

Die erste Schildkröte, die einen kompletten Panzer oben und unten hatte, war der *Proganochelys* aus dem späten Trias. Obwohl er wie heutige Schildkröten aussieht, hatte das Urzeitreptil Stacheln an Hals und Schwanz und konnte den Kopf nicht unter dem Panzer einziehen.

5 ERSTE SAMEN BLÜHENDER PFLANZEN

Blumen scheint es überall zu geben, aber das war nicht immer so! Es dauerte sogar bis zur Kreidezeit, bis sich erste blühende Pflanzen entwickelten. Die ältesten bekannten Samen von Angiospermen (blühende Pflanzen) datieren 125 bis 110 Mio. Jahre zurück und waren nicht größer als 2,5 mm. Man hat auch schon Fossilien gefunden, bei denen man die ersten blühenden Pflanzen bis ins Jura zurück datiert, aber das ist noch umstritten.

6 ERSTER PTEROSAURIERFUND

Als der Italiener Cosimo Collini 1784 den *Pterodactylus* entdeckte, hatte er keine Ahnung, dass er der Erste war, der ein fliegendes Reptil freigelegt hatte. Der Naturkundler dachte, dass das geflügelte Tier seine großen Arme zum Paddeln im Meer benutzt hatte. Der *Pterodactylus* lebte vor 150-144 Mio. Jahren und jagte kleine Fische an der Küste des heutigen Deutschland.

PTERODACTYLUS

BLUTIGE KNOCHEN ENTHÜLLEN EINE GROSSE ENTDECKUNG

Das meiste Wissen über Dinosaurier lernen wir aus den Knochen. Warum? Die harten Teile der Tiere, wie z.B. Knochen, nehmen nach und nach Mineralien aus ihrer Umgebung auf und werden nach sehr langer Zeit zu Fossilien. Die Weichteile, wie z.B. Haut und Blut, zersetzen sich oder lösen sich auf. Aber in seltenen Fällen können auch Weichteile sehr lange Zeit überdauern. Vor Kurzem haben Wissenschaftler mit Hilfe der modernen Technik der Massenspektrometrie die Chemikalien in einem 80 Millionen Jahre alten *Hadrosaurus*-Fossil analysiert. Und sie machten eine bedeutende Entdeckung: Sie fanden Zellen, welche die Blutgefäßwände der Dinosaurier auskleiden.

Es ist schon ziemlich cool, wenn man sich die Blutgefäßzellen eines vor langer Zeit ausgestorbenen Dinosauriers ansehen kann. Aber diese Entdeckung ist auch sehr nützlich. Durch das Studium der roten Blutzellen können wir besser verstehen, wann die heutigen Vögel sich aus ihren Reptil-Urahnen, den Dinosauriern, entwickelt haben.

PALÄONTOLOGEN GLAUBEN, DASS VIELE WEITERE DINOSAURIERFOSSILIEN **ROTE BLUTZELLEN** ENTHALTEN KÖNNTEN; SIE HABEN NUR BIS VOR KURZEM NOCH NICHT GEWUSST, WIE MAN SIE FINDET.

DER ERSTE MENSCH, DER **BEWEISE** FÜR ROTE BLUTZELLEN IN EINEM DINO-KNOCHEN **ENTDECKTE,** WAR KEIN PALÄONTOLOGE, SONDERN **EIN TIERARZT.**

SPASS & SPIELE

NENNE DEN DINO!

Teste dein Wissen über einige der berühmtesen Ersten Dinos aus diesem Kapitel.

1. DER ÄLTESTE DINO, DER BIS HEUTE GEFUNDEN WURDE?

A. *Nyasasaurus*
B. *Utahraptor*
C. *Appalachiosaurus*

2. WER WAR DER ERSTE DER GROSSEN RAUBTIER-DINOS?

A. *Herrerasaurus*
B. *Carnotaurus*
C. *Giganotosaurus*

3. DAS ERSTE, FAST VOLLSTÄNDIGE DINO-SKELETT?

A. *Tyrannosaurus Rex*
B. *Hadrosaurus*
C. *Triceratops*

4. DER ERSTE, WISSENSCHAFTLICH BESCHRIEBENE DINOSAURIER?

A. *Diplodocus*
B. *Apatosaurus*
C. *Megalosaurus*

5. WELCHER WAR DER ERSTE DINOSAURIER IM WELTALL?

A. *Archaeopteryx*
B. *Maiasaura*
C. *Edmontosaurus*

6. DER ERSTE GEFUNDENE DINO IN EINER VOGEL-SCHLAF-POSITION?

A. *Mussaurus*
B. *Yinlong*
C. *Mei long*

LÖSUNG 1. A; 2. A; 3. B; 4. C; 5. B; 6. C

NACH DEM ENDE DER DINOS KAMEN NEUE ERSTAUNLICHE (UND REKORDVERDÄCHTIGE) PRÄHISTORISCHE TIERE.

Die ersten Säugetiere der Erde entwickelten sich zur gleichen Zeit wie die ersten Dinosaurier und lebten viele Millionen Jahre lang zusammen mit den Mega-Reptilien auf der Erde. Obwohl Säugetiere bereits in der Kreidezeit vielfältiger wurden, war erst das verheerende Ereignis, das vor 65 Millionen Jahren die Dinos aussterben ließ, dafür verantwortlich, dass sich die Säugetiere in größere, tödlichere, seltsamere und vielfältigere Arten entwickeln konnten. Das Zeitalter der Dinos war vorbei und das der Säugetiere hatte begonnen.

Das Massensterben am Ende der Kreidezeit überlebten auch viele Nicht-Dino-Reptilien, einschließlich der Krokodile, Schlangen und Eidechsen — genauso Vögel und kleinere Amphibien. Aber da sie im Wettbewerb mit den Säugetieren keine Chance hatten, konnten sie das Land niemals so wie die Dinos beherrschen.

UND DER SIEGER IST ...

PARACERATHERIUM

NAHRUNG: PFLANZEN

WO: ASIEN

WANN: VOR ETWA 35 BIS 20 MJ

GEWICHT: 16 BIS 22 TONNEN

LÄNGE: 8 METER

(SCHULTER-) HÖHE: 5,5 METER

DAS PARACERATHERIUM REICHTE MIT SEINER SCHULTER AN DEN **KOPF** DER GIRAFFE, DAS **GÖSSTE** HEUTIGE SÄUGETIER **DER WELT.**

Im Laufe von vielen Millionen Jahren entwickelten sich die Säugetiere zur beherrschenden Spezies an Land und wurden sogar fast so groß wie einige ihrer reptilischen Vorgänger. Dieses hornlose Rhinozeros mit Namen *Paraceratherium* – manchmal auch *Indricotherium* oder *Baluchitherium* genannt – war das wahrscheinlich größte Säugetier, das jemals gelebt hat. Es war dreimal so schwer wie der T-Rex und alleine sein Kopf war 1,3 Meter groß, wahrscheinlich so groß wie du! Sein großer Körper und der superlange Hals machten es ihm möglich, genauso wie die heutige Giraffe Blätter von Baumkronen zu fressen. Seine Heimat war die Gegend des heutigen Asien, einschließlich Chinas und der Mongolei.

AUF DEM 2. PLATZ ...

„Riesig, tödlich und seltsam" endete nicht mit dem Aussterben der Dinos! Schau dir mal diese rekordverdächtigen Tiere an.

TÖDLICHSTER **HAI**

MEGALODON

Selbst der legendäre Weiße Hai wäre kein Gegner für diesen riesigen Fisch gewesen. Der *Carcharodon Megalodon*, der die Ozeane der Erde vor 16 Millionen Jahren bevölkerte, war der größte räuberische Hai, der jemals gelebt hat! Viermal so lang und 20 Mal so schwer wie der heutige weiße Hai, hatte der *Megalodon* lange, sägeartige Dreieckszähne, mit denen er seine Beute zerfetzte, (z.B. Robben, Delfine, Wale und Schildkröten). Sein Biss war bis zu zehnmal stärker als der eines großen weißen Hais!

GRÖSSTES **FAULTIER**

MEGATHERIUM

Ist das ein Giga-Bär? Nicht wirklich! Das größte bekannte Faultier, das *Megatherium* („großes Vieh"), streifte vor etwa 10.000 Jahren durch die Wälder Amerikas. Dieses 6 Meter große und 4,4 Tonnen schwere Säugetier hatte langes, dickes Fell und konnte seinen riesigen Körper auf seinen kräftigen Hinterbeinen halten. Der Schwanz hielt das Gleichgewicht und mit seinen massiven Klauen packte es Äste und fraß Blätter und Gräser.

GRÖSSTE **SCHLANGE**

TITANOBOA

Mit ungefähr 14,6 Metern Länge und einem Gewicht von mehr als einer Tonne war die *Titanoboa* die größte Schlange aller Zeiten. Diese spektakuläre Giftschlange schlängelte sich vor 60 bis 58 Millionen Jahren durch die südamerikanischen Sümpfe und jagte Fische und Reptilien, auch die riesigen Ur-Krokodile! Sie war weitaus länger und schwerer als alle heute lebenden Schlangen, die nicht mal annähernd ihre enorme Größe erreichen.

SELTSAMSTES **TIER**

MACRAUCHENIA

Hier ist das ultimative Tier-Kuddelmuddel! Dieser 3 m große und 700 kg schwere Pflanzenfresser lebte vor 7 Mio. Jahren, hatte einen kleinen Kopf, den langen Hals eines Kamels, dreizehige Füße wie ein Nashorn und Nasenlöcher auf der Stirn, wie ein Wal. Die Nase an sich war schon sehr kurios: ein langer, flexibler Rüssel, der fast wie bei einem Elefanten aussah, nur kürzer.

DIE PLÄTZE 3 BIS ...

Erforsche noch mehr krasse Tiere, die nach den Dinos herrschten!

KLEINSTES **GEHÖRNTES SÄUGETIER**

CERATOGAULUS

Mit nur 30 cm Länge und weniger als 4,5 kg Gewicht war der *Ceratogaulus* das kleinste bekannte Säugetier mit Hörnern. (Heute lebende Säugetiere mit Hörnern sind z.B. Bison, Nashorn und Antilope.) Der kleine Nager, der vor 10 bis 5 Millionen Jahren in den Wälder Nordamerikas lebte, könnte die beiden Hörner über seiner winzigen Nase vielleicht zur Verteidigung benutzt haben, wenn er seine Höhle zur Futtersuche verlassen musste.

TÖDLICHSTE **KATZE**

SMILODON

Diese 400 kg schwere Raubkatze war äußerst gefährlich. Mit ihren scharfen, zackigen Zähnen erlegte sie Pferde, Bisons, Hirsche und Mammuts, die sich vor 2,5 Millionen bis 10.000 Jahren in ihrem nord- und südamerikanischen Beuterevier aufhielten. Man vermutet, dass das *Smilodon* seinen Kiefer auf bis zu 120 Grad weit öffnen konnte, um mit den langen Fangzähnen seine teils gewaltige Beute zu reißen.

GRÖSSTES **KROKO**

CROCODYLUS

Obwohl es keinen direkten Beweis dafür gibt, dass dieser prähistorische Räuber unsere menschlichen Vorfahren fraß, glauben Wissenschaftler, dass dies durchaus möglich gewesen sein könnte. Dieses 8,3 Meter lange Reptil lauerte in der Nähe von Seen, an denen sich die ersten Menschen ebenfalls aufhielten, um Wasser zu holen. Dort könnte sie dieses Riesenkrokodil leicht angegriffen und vollständig (gulp) verschluckt haben. Der *Crocodylus Thorbjarnarsoni*, der vor vier bis zwei Millionen Jahren das heutige Kenia bevölkerte, war so riesig, dass vier Männer nötig waren, um nur den versteinerten Schädelknochen zu tragen.

WUCHTIGSTER **FLUGVOGEL**

ARGENTAVIS

Dieser gewaltige Raubvogel wog mehr als 80 kg und ist daher eher gesegelt als geflogen. Der *Argentavis* war so schwer, dass er anstatt mit den Flügeln zu schlagen wohl eher bergab gegen den Wind gerannt ist, um in die Luft aufzusteigen (wie ein Mensch beim Drachenfliegen). Dieser geschnabelte Aasfresser mit einer Flügelspannweite von 6 Metern stürzte sich vor etwa 6 Millionen Jahren auf tote Tiere herab, die er aus der Luft erspähte.

FALLSTUDIE

DAS MAMMUT-MYSTERIUM

Wir wissen heute, wie die pelzigen Mammuts ausgesehen haben, weil während der letzten Eiszeit einige Tiere komplett in Eis eingefroren wurden! Sie hatten einen schweren Pelzmantel und eine dicke Körperfettschicht, um die eisigen Temperaturen zu überstehen. Die mächtigen Säugetiere hatten sich so gut an das Leben in extremer Kälte angepasst, dass die allmähliche Klimaerwärmung auch zu ihrem Aussterben beigetragen haben könnte. Oder war es anders herum? Wurde der Planet durch das Aussterben der Mammuts wärmer?

Sagen wir mal so: Die Mammuts grasten auf den Wiesen ihrer heimischen nördlichen Ebenen. Ihr Kot düngte die Wiesen. Unter dem Gras befand sich eine permanent gefrorene Erdschicht, der Permafrost. Diese Schicht schloss mehr Kohlenstoff ein als alle heutigen

WARUM IST KOHLENSTOFF EIGENTLICH SO WICHTIG?

Kohlenstoff ist ein Element wie der Sauerstoff und existiert überall. Er ist das am vierthäufigsten vorkommende Element des Universums. Auf der Erde ist Kohlenstoff in Felsen, Pflanzen, Meeren und im Boden gespeichert. Wenn Kohlenstoff in die Atmosphäre freigesetzt wird, erwärmt sich die Erdtemperatur. Die Erde hält lange Zeit das Gleichgewicht zwischen gespeichertem und freigesetztem Kohlenstoff aufrecht. Doch das Schmelzen des Permafrosts oder die Verbrennung fossiler Brennstoffe führen zur Freisetzung einer großen Menge Kohlenstoff in relativ kurzer Zeit, was zu schnellem Anstieg der Erdtemperatur führt und die Umweltverhältnisse dramatisch verändern kann.

Regenwälder zusammen. Als die Wiesen durch das Aussterben der Mammuts nicht mehr gedüngt wurden, verlor der Permafrost seine Isolierung und begann zu schmelzen. Dadurch wurde der Kohlenstoff wieder freigesetzt und die Erde erwärmte sich noch mehr. Die Erderwärmung hat also vielleicht die Mammuts erledigt, aber dadurch wurde sie nur noch schlimmer.

ERKANNT? DIE PELZIGEN MAMMUTS UND DIE HEUTIGEN ELEFANTEN HABEN EINEN GEMEINSAMEN VORFAHREN.

HIGHLIGHT

Du erkennst vielleicht ein paar dieser Urtiere — bei den anderen musst du wahrscheinlich raten! Auf jeden Fall viel Spaß mit diesen Urahnen von heute lebenden Tieren.

DIE **KENNE** ICH DOCH!

WANDERNDER WAL

NAME: *AMBULOCETUS*

GRÖSSE: 3 Meter lang

LEBTE VOR: Ca. 50 Millionen Jahren

FOSSILIEN GEFUNDEN: Pakistan

BESONDERHEIT: Dieses frühe Mitglied der Walfamilie hatte vier Beine und konnte an Land gehen – wirklich! Aber mit seinen flossenartigen Hinterfüßen ist das 180 kg schwere Säugetier wohl eher gewatschelt als gerannt. Auf der Jagd hat es wahrscheinlich seine Beute in der Nähe von Flachmeeren oder Flüssen aufgelauert, in denen es auch lebte und schwamm. Der *Ambulocetus* ist ein „transnationales Fossil", das uns zeigt, dass Wale einst Landsäugetiere waren, die sich ins Meer begaben … und dort bis heute leben.

MINI-**BATMAN**

NAME: *ICARONYCTERIS*

GRÖSSE: 14 cm lang

LEBTE VOR: 52 Millionen Jahren

FOSSILIEN GEFUNDEN: Wyoming, USA

BESONDERHEIT: Der *Icaronycteris* ist eine der frühesten je gefundenen Fledermausarten, ein winziger Kerl, der seine coolen Krallen aus den Flügeln herausstreckte. Wie die heutigen Fledermäuse benutzte der Insektenfresser Echoortung, um seine Beute zu finden.

PANZERWAGEN

NAME: *GLYPTODON*
GRÖSSE: 2 – 2,5 Meter
LEBTE VOR: 2 Millionen – 10.000 Jahren
FOSSILIEN GEFUNDEN: Nord- und Südmerika
BESONDERHEIT: Dieses gürteltierähnliche Wesen war auf seinem Rücken und Schwanz mit mehr als 1.000 kleinen Knochenplatten (Osteoderme) bedeckt, jedes etwa 2,5 cm dick. Ein verdammt guter Schutz gegen Raubtiere!

NA KLAR, **EIN PFERD**

NAME: *MERYCHIPPUS*
GRÖSSE: 1,1 Meter hoch
LEBTE VOR: Ungefähr 17 - 10 Millionen Jahren
FOSSILIEN GEFUNDEN: USA und Mexiko
BESONDERHEIT: Obwohl der *Merychippus* nicht das allererste Pferd war, sah er den heutigen Pferden schon viel ähnlicher als seine Vorgänger. Er war größer und schneller und hatte eine längere Schnauze als seine im Wald lebenden Vorfahren, die Blätter fraßen. Diese frühe pferdeähnliche Tierart lebte in den Ebenen in großen Herden und war vermutlich die erste Pferdeart, die sich ausschließlich von Gras ernährte.

KRASS!

AUSSTERBEN: WAS

Mehr als 90 Prozent aller Pflanzen und Tiere, die jemals gelebt haben, sind heute ausgestorben! Wenn ein Tier ausstirbt, haben andere Tiere mehr Platz, die mit ihm um Nahrung oder Lebensraum konkurriert haben oder seine Beute waren. Sie haben aber auch mehr Platz um sich zu entwickeln. Eine Katastrophe, die die Hälfte oder mehr aller lebenden Spezies auslöscht, schafft auf der anderen Seite für eine Menge anderer Tiere neue Möglichkeiten, sich zu entwickeln und über den ganzen Planeten auszubreiten. Das größte Aussterben in der Geschichte der Erde geschah in der Zeit des Perm/Trias (vor etwa 251 Millionen Jahren). Damals wurde der Weg für die Dinosaurier zur Herrschaft im Mesozoikum geebnet. Später, vor 65 Mio. Jahren, vernichtete eine weitere Katastrophe die Dinosaurier und machte den Weg frei für andere Pflanzen und Tiere. Wären die Dinos nicht ausgestorben, dann hätten sich die Menschen vielleicht niemals entwickelt. Aber viele Experten gehen davon aus, wenn wir unsere Umwelt weiter so verschmutzen, die Wälder abholzen und die Meere zu stark befischen, dann wird die Hälfte aller heute lebenden Spezies im nächsten Jahrhundert ausgestorben sein. Weil jedoch die Wälder, Meere und Tiere für uns Menschen überlebensnotwendig sind, ist der Umweltschutz extrem wichtig. Wir müssen diese Erde als für Menschen und Tiere lebenswerten Ort erhalten!

SCHICKSALS-ASTEROID DER DINOS AUS DER SICHT EINES MALERS.

KOMMT DANN?

ZEITREISE

Wissenschaftler bohren am Einschlagsort eines Asteroiden in die Erde, der der Hauptgrund für das Aussterben der Dinosaurier war. Jede Gesteinsschicht ist ein weiterer Schritt zurück in eine noch frühere Phase der Erdgeschichte. Die Fossilien, die man in so tiefen Gesteinsschichten findet, geben uns Hinweise über jene Tiere, die dieses Aussterben überlebten und von denen wir uns letztlich entwickelt haben.

DAS PERM-TRIAS-AUSSTERBEN LÖSCHTE UNGEFÄHR 90 PROZENT ALLER MEERESARTEN UND 70 PROZENT ALLER LANDTIERE AUS.

SCHWEIN MIT BISS

Machen wir uns nichts vor, *Entelodonts* waren üble Burschen, so übel, dass der Name noch zu mild ausgewählt ist. Diese grimmigen Killermaschinen waren so heftig, dass man ihnen den Spitznamen „Terminator-Schwein" verpasste. Die auch mit den heutigen Nilpferden verwandten *Entelodonts* lebten vor 49 bis 37 Millionen Jahren im Miozän. Diese Allesfresser waren auf Aas spezialisiert, hatten äußerst kräftige Kiefer und fraßen alles, was ihnen vors Maul kam, einschließlich frühe Nashörner und Kamele. Ihre gewaltigen Zähne und enormen Stoßzähne haben das Töten der Beute fast zum Spaziergang gemacht, obwohl sie nicht besonders schnell waren.

Diese Ungeheuer waren auch untereinander ziemliche Raufbolde. Paläontologen fanden *Entolodont*-Schädel mit tiefen wundartigen Scharten, die von anderen *Entelodonts* stammten. Die Bissmarken auf einigen Fossilien zeigen, dass diese Urschweine des Öfteren mit dem Maul die komplette Schnauze anderer *Entelodonts* fast abgebissen und den Schädel ihrer Kumpane zerquetscht haben. Ein brutaler Familienstreit mit extremen Auswüchsen!

ENTELODONTS AUF DER JAGD.

PALÄONTOLOGEN FANDEN EINEN HAUFEN KLEINER KAMELKNOCHEN, DIE VON ENTELODONTS IN STÜCKE GEBISSEN WURDEN.

DINO GEGEN DINO

AUF DER JAGD

Viele Dinos waren Top-Jäger, aber die Tiere, die nach ihnen kamen, ließen auf der Jagd auch nichts anbrennen. Hier unser ganz spezieller Jagd-Zweikampf.

ALBERTOSAURUS VS. MEGALODON

Der *Albertosaurus* war an Land gefürchtet, aber er brauchte doch von Zeit zu Zeit die Hilfe seiner Rudelkumpane, um die Beute zu kriegen. Der *Megalodon* gewinnt diese Runde, weil er die Ozeane ganz allein unsicher gemacht hat.

UTAHRAPTOR VS. TITANIS

Der „Terrorvogel" *Titanis* war ziemlich gruselig. Er rannte schnell und hatte einen grimmigen Schnabel, wäre aber nur für kleinere Vögel, Echsen und Nager eine Gefahr gewesen. Der *Titanis* hätte gegen den schnellen, cleveren *Utahraptor* keine Chance gehabt.

STRUTHIOMIMUS VS. TITANOBOA

12-Meter-Schlange gegen zahnlosen 4-Meter-Dino? Keine Chance — wenn die *Titanoboa* schnell genug gewesen wäre, um den *Struthiomimus* zu erwischen. Aber der straußartige Dino wäre viel zu schnell für die übergroße Schlange gewesen. Die *Titanoboa* wäre nicht annähernd hinterhergekommen. Daher ist der *Struthiomimus* hier der glückliche Gewinner.

T. REX VS. CROCODYLUS

Dir treibt es bestimmt den Angstschweiß auf die Stirn bei dem Gedanken, der *T. rex* könnte Jagd auf uns Menschen machen. Aber der 8 Meter lange *Crocodylus* hat tatsächlich zur Zeit der ersten Menschen gelebt, und wahrscheinlich auch ein paar unserer Urahnen mit seinem mächtigen Rachen verspeist — oder sogar komplett verschluckt. Daher ist der *Crocodylus* Sieger in diesem alptraumhaften Kampf.

ECHT JETZT!
DINOS LEBEN NOCH

Alle Dinos sind am Ende der Kreidezeit ausgestorben, richtig? Ehrlich gesagt: Nein! Kannst du dich an den kleinsten lebenden Dino aus Kapitel 2 erinnern, die Bienenelfe? Experten sind sich einig, dass heutige Vögel – ob Adler, Emu, Pfau, Papagei oder jede andere Vogelart – von den zweibeinigen vogelartigen Raubdinosauriern abstammen, die vor 150 Millionen Jahren im Jura gelebt haben.
Woher weiß man das? Klar: Durch einen Fossilienfund! In der Mitte des 19. Jahrhunderts hat man in Deutschland die Knochen eines Urtiers ausgegraben, das scheinbar halb Vogel, halb Dino war: Es hatte Flügel und Federn, aber auch einen zahnbesetzten Kiefer, knöchernen Schwanz, Füße und Klauen wie ein Dinosaurier. In Kapitel 5 (Seite 127) haben wir gelernt, dass dieser wegweisende Fund, der *Archaeopteryx*, ein „Übergangsfossil" ist, also der Beweis dafür, dass heutige Vögel tatsächlich direkte Nachkommen der Dinosaurier sind, die das Aussterben überlebt haben.
Der taubengroße *Archaeopteryx* war einer der ersten Dinos, die fliegen konnten. Die ersten „echten" Vögel entwickelten sich ca. 60 Millionen Jahre später und haben sich seither in eine riesige Artenvielfalt aufgeteilt, die man überall auf der Welt bestaunen kann.

VÖGEL

ZAHL DER LEBENDEN ARTEN: **10.000**

LEBENSRAUM: **WELTWEIT**

WO: **SO GUT WIE ÜBERALL, VON DER FLACHEN WÜSTE BIS IN DIE HOHEN BERGE**

ARCHAEOPTERYX FOSSIL

WENN ALSO VÖGEL
LEBENDE DINOSAURIER
SIND, KANN MAN SIE
DANN ALS REPTILIEN
BEZEICHNEN?
FACHLICH GESEHEN,
JA!

AUF EINEN BLICK

MEGALOCEROS

1 SELTSAMSTES MAUL

Kommt dir der bekannt vor? Er war nicht einer der ersten Elefanten, aber definitiv einer der seltsamsten! Der *Platybelodon* hatte Stoßzähne am Unterkiefer, die merkwürdig flach und breit waren. Der „Baggerelefant" hat sie vielleicht dazu benutzt, um vor 10 bis 6 Millionen Jahren Weichflanzen und Gräser aus den Sümpfen zu schaufeln.

2 GRÖSSTES GEWEIH

Der *Megaloceros* lebte vor 7.700 Jahren im heutigen Nordeuropa und war einer der größten Hirsche, die wir kennen. Die Männchen dieser Spezies trugen das größte Geweih, das je ein Säugetier besessen hat: Es war fast 3,7 Meter breit, wurde jedes Jahr abgestoßen und wuchs später wieder nach.

3 SIEHT AM MEISTEN AUS WIE EIN MYTHISCHES SEEUNGEHEUER

Mit fast 20 Metern Länge wurde dieser Aal-ähnliche primitive Wal früher als eine „Seeschlange" ausgestellt. Man nimmt an, dass der *Basilosaurus* auch andere Wale gefressen hat, wenn er vor 40 bis 34 Mio. Jahren auf Beutezug durch die Meere getobt ist. Sein Biss war so kräftig, dass er Haut, Muskeln und Knochen durchtrennte.

PLATYBELODON

BASILOSAURUS

4 DER KLEINSTE PRIMAT

Wie niedlich! Der nur 5 cm große *Eosimias* hätte in deine Hosentasche gepasst! Dieser pelzige Pflanzen- und Insektenfresser lebte vor 45 bis 40 Millionen Jahren in den Wäldern Asiens und war so klein wie der kleinste, heute lebende Primat, der *Zwerg-Mausmaki*.

5 DER BERÜHMTESTE

Vielleicht das bekannteste aller Nicht-Dinos der Urzeit. Mammuts bevölkerten in Herden die Ebenen Europas, Asiens, Afrikas und Nordamerikas. Diese pelzigen Säugetiere hatten ausgeprägte, nach oben gebogene Stoßzähne, die ihnen bei der Nahrungssuche auf den gefrorenen Wiesen der Eiszeit beim Abschaben von Schnee nützlich waren.

6 DIE ERSTEN MENSCHEN

Der älteste bekannte Vorfahre aller Hominini (Menschen und unsere bereits ausgestorbenen Vorfahren und Verwandten) könnte vor bis zu sieben Millionen Jahren gelebt haben, aber der *Homo Sapiens*, der erste Mensch, der fast identisch mit uns ist, trat zum ersten Mal vor 200.000 bis 150.000 Jahren in Afrika auf.

DIE QUAL DES WALS

Unser heutiges Wissen über den *Basilosaurus* basiert überwiegend auf Fossilien, die in Alabama, USA gefunden wurden. Man sagt, dass es dort so viele Überreste dieses Urwals gab, dass die Bauern im 19. Jahrhundert die gefundenen Knochen zum Bau von Steinmauern benutzt haben. Der *Basilosaurus* ist das offizielle Landesfossil des Bundesstaats Alabama!

MAN GLAUBT, DASS MAN DURCH **WIEDERERWECKEN AUSGESTORBENER SPEZIES** ZERSTÖRTE ÖKOSYSTEME WIEDERHERSTELLEN KÖNNTE.

HER MIT DEN DINOS! (ODER BESSER NICHT ...)

Aussterben ist endgültig – oder vielleicht doch nicht? Es gibt Bestrebungen, lang ausgestorbene Tiere zurückzubringen, oder zumindest genetisch reproduzierte Versionen herzustellen, die den ausgestorbenen „Originalen" ähnlich sehen.
Wie geht das? Zuallererst braucht man etwas DNA des ausgestorbenen Tieres. DNA ist so etwas wie der Bauplan lebender Organismen. In ihr sind alle wichtigen Informationen enthalten, die man zur Entwicklung und Erzeugung von Pflanzen und Tieren benötigt. Da die DNA ausgestorbener Tiere normalerweise beschädigt oder nicht vollständig ist, fügt man die fehlenden Teile der DNA von den nächsten noch lebenden Verwandten des Tieres ein, das man neu erschaffen möchte. Das Ergebnis ist keine exakte Kopie eines ausgestorbenen Tieres, aber sehr ähnlich. Dieser Plan könnte für Tiere wie die Wandertaube oder das Mammut funktionieren, von denen intakte DNA existiert, wir werden aber wohl in naher Zukunft keinen lebenden Dinosaurier zu Gesicht bekommen. Warum nicht? Dinos sind vor zu langer Zeit ausgestorben, so dass keine ausreichend große Menge an DNA überlebt hat. Einige Forscher versuchen, aus Hühnern (das sind die nächsten lebenden Verwandten des *T-Rex*) Dinosaurier zu reproduzieren, indem sie einige der Merkmale wiederentwickeln, die die Dinosaurier verloren hatten, als sie sich in Vögel weiterentwickelten.
Bis jetzt hat man es geschafft, Hühnerembryonen mit Klauen, langen Schnauzen und Dinosaurierknöcheln zu reproduzieren. Das ist sicherlich faszinierend, aber noch weit entfernt von einem echten, lebenden Dinosaurier.

SPASS & SPIELE

KENN' ICH DICH?

Vögel sind nicht die einzigen, deren Ahnen weit zurückreichen. Finde für jedes moderne Tier den richtigen Vorfahren.

PLATYBELODON

1. FLEDERMAUS

2. ZWERG-MAUSMAKI
3. WAL
4. ELEFANT
5. PFERD

6. GROSSER WEISSER HAI

7. FAULTIER
8. NASHORN

BASILOSAURUS

CERATOGAULUS

EOSIMIAS

ICARONYCTERIS

MERYCHIPPUS

MEGALODON

MEGATHERIUM

LÖSUNG
1: B; 2: C; 3: D; 4: A; 5: E; 6: F; 7: H; 8: G

INDEX

Fettschrift bezeichnet Abbildungen.

ABBILDUNGS NACHWEISE

Alle Abbildungen von Franco Tempesta, außer:

O = oben; U = unten; M = Mitte; R = recht; L = links

UMSCHLAGRÜCKSEITE (O), Tamron Industries, Inc; (M L), Kevin Elsby/ Minden Pictures

KAPITEL 1: 4 (O), Nobumichi Tamura; 4 (M O), Linda Bucklin/Shutterstock; 4 (M U), Catmando/Shutterstock; 4 (U), Stocktrek Images, Inc./Alamy Stock Photo; 5 (O), De Agostini Picture Library/Getty Images; 5 (M), Nobumichi Tamura; 5 (U), Ralf Juergen Kraft/ Shutterstock; 7, Gary Hincks/Science Source; 7 (U L), Nobumichi Tamura; 9 (O), MR1805/Getty Images; 9 (U), MR1805/Getty Images; 11, Julius T Csotonyi/Science Photo Library; 15 (O), Julius T Cscotonyi/Science Source; 15 (U), Nobumichi Tamura; 18-19, Linda Bucklin/Shutterstock; 19 (M), National Geographic Society; 19 (R), Africa Studio/Shutterstock; 20-21, Michael Rosskothen/Shutterstock; 20 (U M), Science Photo Library RF/Getty Images; 21 (M), Vitor Silva/Getty Images; 21 (U), Michael Rosskothen/ Shutterstock; 22-23, Stocktrek Images, Inc./Alamy Stock Photo; 25, MasPix/Alamy Stock Photo; 26 (U R), Leonello Calvetti/Shutterstock; 27 (M), Nobumichi Tamura; 28-29, Marcio Silva/Shutterstock; 30, Edwin Giesbers/NPL/Minden Pictures; 31, Misja Smits/Buiten-beeld/Minden Pictures; 32 (L), NASA/GSFC/Rebecca Roth; 32 (O R), Michael Rosskothen/ Shutterstock; 32 (U R), De Agostini Editorial/Getty Images; 33 (U L), Universal Images Group North America LLC/DeAgostini/Alamy Stock Photo; 33 (O L), Linda Bucklin/ Shutterstock; 34-35, MR1805/Getty Images; 36 (M L), Glenn Nagel/ Dreamstime; 36 (M R), David Parsons/ Getty Images; 36 (U M), Elenaphoto21/ Dreamstime; 36 (U L), Sean Lema/ Shutterstock; 37 (O L), Bullstar/ Shutterstock; 37 (O R), Gallo Images/ Getty Images; 37 (M R), rhardholt/ Getty Images; 37 (U M), Sarit Wuttisan/ Shutterstock; 37 (U L), DM7/ Shutterstock; 37 (M L), Baciu/ Shutterstock

KAPITEL 2: 43 (M), De Agostini Picture Library/Getty Images; 44 (M O), Linda Bucklin/Shutterstock; 45 (U L), Nobumichi Tamura; 46, Photo by Isle of Wight County Press/REX/Shutterstock; 47 (O), Photo by Isle of Wight County Press/REX/Shutterstock; 48-49, Kostyantyn Ivanyshen/ Shutterstock; 49 (O), Science Photo Library/Alamy Stock Photo; 51 (Background), Hidesy/Dreamstime; 51 (L), Tony Bosse/Dreamstime; 51 (R), Rita Kochmarjova/Shutterstock; 52-53, Franco Tempesta; 54 (M L), Encyclopaedia Britannica/UIG Via Getty Images; 54 (M), Stocktrek Images/ Getty Images; 56, Spencer Sutton/ Science Source; 56, De Agostini Picture Library/Getty Images; 57 (M), De Agostini Picture Library/Getty Images; 57 (M O), Linda Bucklin/ Shutterstock; 58, irin-k/Shutterstock; 58, Chris Elwell/Getty Images; 59, Arto Hakola/Shutterstock; 60 (O R), De Agostini Picture Library/Getty Images; 60 (U R), Nobumichi Tamura; 61 (U R), Pete Oxford/Minden Pictures; 61 (L), Mark Garlick/Getty Images; 62, Science Picture Co/Science Source; 63, Philippe Psaila/Science Source; 64, Randy Rimland/Shutterstock; 64 (U R), Leloft1911/Dreamstime; 64, Volodymyr Burdyak/Getty Images; 64, Michael G. Mill/Shutterstock; 65 (U L), Nobumichi Tamura; 65 (U M), Aditya Singh/Getty Images; 65 (O L), Keith Lejon/ Dreamstime

KAPITEL 3: 66-67, Michael Rosskothen/Shutterstock; 71 (U), Linda Bucklin/Shutterstock; 73 (O), Michael Rosskothen/Shutterstock; 73 (M L), John Temperton/Getty Images; 73 (U), Emily Willoughby/Getty Images; 77 (O), Catmando/Shutterstock; 77 (U), Leonello Calvetti/Shutterstock; 78-79, Andrzej Wojcicki/Science Photo Library/Science Photo Library; 80-81, Catmando/Shutterstock; 82 (M L), DM7/Shutterstock; 84 (O), James Pierce/Shutterstock; 84 (M), Flashon Studio/Shutterstock; 84 (U), 3DMI/ Shutterstock; 85 (L), Mark Garlick/ Alamy Stock Photo; 85 (M R), Allween/ Shutterstock; 85, Eric Isselee/ Shutterstock; 85 (O M), Picture by Tambako the Jaguar/Getty Images; 86 (Background), Albert Lleal/Minden Pictures/National Geographic Creative; 86 (M R), frantisekhojdysz/ Shutterstock; 87, Tomas Kotouc/ Shutterstock; 88 (O R), Catmando/ Shutterstock; 89 (O R), Patricia Woodgate/Kronosaurus Korner; 89 (U L), Catmando/Shutterstock; 89 (U R), Catmando/Shutterstock; 89 (O L), Kostyantyn Ivanyshen/Shutterstock; 90, Herschel Hoffmeyer/Shutterstock; 93 (U R), Emily Willoughby/Getty Images

KAPITEL 4: 95, Chuang Zhao; 96-97, Tamron Industries, Inc; 99 (U), Zoonar GmbH/Alamy Stock Photo; 100, Zhao Chuang; 100-101, Royal Terrell Museum; 102-103, Byelikova Oksana/ Shutterstock; 103, Robert Harding/ Getty Images; 104 (O), Royal Tyrrell Museum; 104 (U L), Michael Rosskothen/Shutterstock; 105 (O), Vitor Silva/ Getty Images; 105 (U), Spencer Sutton/ Getty Images; 106, Sebastien Coell/ Shutterstock; 107, North Wind Picture Archives/Alamy Stock Photo; 108, Jonathan Blair/Getty Images; 108 (U L), De Agostini Picture Library/De Agostini/Getty Images; 110, Ira Block/ National Geographic Creative; 110 (M), Vitor Silva/Getty Images; 110 (U M), Elena Duvernay/Alamy Stock Photo; 110 (U R), Michael Rosskothen/ Shutterstock; 111 (U M), De Agostini Picture Library/Getty Images; 111, Stocktrek Images/Alamy Stock Photo; 112, Charles R. Knight/National Geographic Creative; 112, Science Photo Library/Alamy Stock Photo; 112 (U L), Javier Trueba/Madrid Scientific Films/Science Source; 113 (M L), Elenarts/Shutterstock; 114, Auscape/ Getty Images; 115, Hotshotsworldwide/Dreamstime; 116 (O R), Vitor Silva/Getty Images; 116 (U R), Bill O'Leary/The Washington Post/Getty Images; 117 (U R), De Agostini Picture Library/Getty Images; 117 (U L), Sergey Krasovskiy/Getty Images; 118, Radiokafka/Shutterstock; 119 (O), Universal History Archive/Getty Images; 120 (mask), demonique/ Shutterstock; 120 (bathroom), Marcel Derweduwen/Shutterstock; 120 (M R), Dariush M/Shutterstock; 120 (car), David Touchtone/Shutterstock; 120 (M L), Dana Rothstein/Dreamstime; 121 (O L), Marcio Silva/Dreamstime; 121 (mask), Anastasia Bobrova/Shutterstock; 121 (O R), spyder24/Getty Images; 121 (O M), 3Dalia/Shutterstock; 121 (ribbon), Mmaxer/Shutterstock; 121 (M L), Stocktrek Images/ Getty Images; 121 (U M), Elenarts/ ShutterPoint Photography; 121 (HAT), cigdem/Shutterstock

KAPITEL 5: 129 (U R), Anton Ivanov/ Shutterstock; 130, Steve Speller/ Alamy Stock Photo; 131 (O), The Natural History Museum/Alamy Stock Photo; 131 (U), Wild Horizon/Getty Images; 133, Peter L. Falkingham, Karl T. Bates, James O. Farlow/PLOS; 133 (M), Tyler Keillor; 134 (L), Corey Ford/Getty Images; 134 (R), DM7/ Shutterstock; 136-137, MR1805/Getty Images; 138, Michael Rosskothen/ Shutterstock; 138 (U R), De Agostini Picture Library/Getty Images; 139, Leonello Calvetti/Shutterstock; 140 (M L), DM7/Shutterstock; 140 (U), Petr Tkachev/Shutterstock; 140-141, D Guest Smith/Alamy Stock Photo; 141 (M R), Gilmanshin/Getty Images; 141 (U R), Leonello Calvetti/Getty Images; 144 (L), SEIDEL/dpa/Alamy Live News; 144 (O R), Nobumichi Tamura; 144 (U R), Andreas Meyer/Shutterstock; 145 (U R), Nobumichi Tamura; 146-147, Roberto Tetsuo Okamura/Shutterstock; 149 (U L), Andreas Meyer/ Shutterstock

KAPITEL 6: 151, Jon Hughes and Russell Gooday/Dorling Kindersley/ Getty Images; 156-157, Gabor Kovacs Photography/Shutterstock; 157 (O), Stefano Bianchetti/Corbis via Getty Images; 160 (M L), Dinoton/Shutterstock; 160 (U R), Catmando/Shutterstock; 161 (O), AuntSpray/Shutterstock; 161 (M), AuntSpray/Shutterstock; 161 (U), Colin Keates/Getty Images; 162, Peter Moulton/Alamy Stock Photo; 163, epa european pressphoto agency b.v./Alamy Stock Photo; 166 (M L), Nobumichi Tamura; 167 (O L), H. Kyoht Luterman/Alamy Stock Photo; 167 (M), Nobumichi Tamura; 168-169, adike/ Shutterstock; 168 (M L), Nicolas Primola/Shutterstock; 168 (U L), Isselee/Dreamstime; 169 (O R), Yellow Cat/Shutterstock; 169 (M R), Iarus/ Shutterstock; 169 (U R), DM7/ Shutterstock; 170 (L), Norbert Wu/ Minden Pictures; 170 (R), Amanda Nicholls/Shutterstock; 171, Pete Oxford/Minden Pictures; 172, Nobumichi Tamura; 172 (U R), De Agostini Picture Library/Getty Images; 172 (O R), Ken Lucas/Getty Images; 173 (O R), naka00/Shutterstock; 173 (U R), Catmando/Shutterstock; 173 (L), Catmando/Shutterstock; 174-175, Cory Richards/National Geographic Creative; 177 (O R), O. Louis Mazzatent/National Geographic Creative

KAPITEL 7: 180-181, Michael Rosskothen/Shutterstock; 183 (M), Michael Rosskothen/Shutterstock; 183 (U), Ralf Juergen Kraft/Shutterstock; 184 (U L), Dorling Kindersley/Getty Images; 185 (U R), Jaime Chirinos/ Science Photo Library; 186, Leonello Calvetti/Science Photo Library/Getty Images; 187 (U), Sandesh Kadur/ Minden Pictures; 188 (M), Christian Darkin/Science Source; 188 (U L), Andreas Meyer/Shutterstock; 188 (U R), Andreas Meyer/Shutterstock; 189 (O), Roman Garcia Mora/Getty Images; 190-191, Esteban De Armas/ Shutterstock; 192-193, Jaime Chirinos/Science Photo Library; 194 (U R), Sergey Krasovskiy/Getty Images; 195 (O R), Michael Rosskothen/ Shutterstock; 195 (M), Elena Duvernay/ Getty Images; 196, Eric Isselee/ Shutterstock; 196, Jason Edwards/ National Geographic Creative; 197, Roger Peterson/National Geographic Creative; 198 (O R), De Agostini Picture Library/Getty Images; 200, Rita Kochmarjova/Shutterstock; 202 (O R), De Agostini Picture Library/Getty Images; 203, Andreas Meyer/ Shutterstock; 204, DM7/Shutterstock; 208, Leonello Calvetti/Shutterstock

DANKSAGUNG

IN GEDENKEN AN MEINEN UNBEUGSAMEN VATER—J.A.

FÜR GARTH UND WIL, DIE DAS (SEHR UNBEQUEME) *VELOCIRAPTOR*-KOSTÜM GETRAGEN HABEN—A.E.H.

Seit ihrer Gründung 1888 hat sich die National Geographic Society weltweit an mehr als 12 000 Expeditionen, Forschungs- und Schutzprojekten beteiligt. Die Gesellschaft erhält Fördermittel von National Geographic Partners LLC, unterstützt unter anderem durch Ihren Kauf. Ein Teil der Einnahmen dieses Buches hilft uns bei der lebenswichtigen Arbeit zur Bewahrung unserer Welt. Das legendäre NATIONAL GEOGRAPHIC-Magazin erscheint monatlich. Darin veröffentlichen namhafte Fotografen ihre Bilder und renommierte Autoren berichten aus nahezu allen Wissensgebieten der Welt. National Geographic im TV ist ein Premium Dokumentations-Sender, der ein informatives und unterhaltsames Programm rund um die Themen Wissenschaft, Technik, Geschichte und Weltkulturen bereithält. Falls Sie mehr über National Geographic wissen wollen, besuchen Sie unsere Website unter www.nationalgeographic.de.

Titel der Originalausgabe: *Dino Records*

Deutsche Ausgabe veröffentlicht von:

WS White Star s.r.l. Mailand, 2018

Lizenznehmer von: National Geographic Partners, LLC

ISBN 978-88-540-3978-0
1 2 3 4 5 6 22 21 20 19 18

Gedruckt in Kroatien

Übersetzung und Redaktion: Hendrik de Rijke

Künstlerische Leitung: Callie Broaddus
Konzept und Design: Nicole Lazarus

Der Verlag und die Autoren danken dem wissenschaftlichen Berater Dr. Nizar Ibrahim, Paläontologe und National-Geographic-Forscher, für die Unterstützung und Sachkenntnis.

Ein besonderer Dank an Franco Tempesta, der mit seinen Illustrationen die prähistorischen Tiere in diesem Buch in lebendingen Farben zum Leben wiedererweckt hat.

Ein Dank auch an folgende Personen, die dieses Buch möglich gemacht haben: Becky Baines, senior editor; Ashlee Brown Blewett, project editor; Callie Broaddus, art director; Nicole Lazarus, designer; Sarah J. Mock, senior photo editor; Joan Gossett, editorial production manager; Jennifer Kelly Geddes, fact-checker; Gus Tello, design production assistant.

DRACORAPTOR